Kölner Tierwelten

im Zoo fotografiert von Rolf Schlosser

Klaus Klammann/Gunther Nogge

Kölner Tierwelten

Wienand

Dieses Buch entstand mit der großzügigen Unterstützung
der Trienekens AG – Unternehmen Umwelt, Köln

Trienekens

Ein besonderer Dank gilt
der Kreissparkasse Köln,
dem Kölner Stadt-Anzeiger,
den DEVK Versicherungen,
der Agfa-Gevaert AG, Leverkusen
und dem Förderverein »Freunde des Kölner Zoos e. V.«

Kreissparkasse Köln

Kölner Stadt-Anzeiger

DEVK
VERSICHERUNGEN

AGFA

Umschlagabbildung
Persischer Tiger (Ausschnitt)

Frontispiz
Schneeleopard

Die Deutsche Bibliothek – CIP-Einheitsaufnahme

Kölner Tierwelten / Klaus Klammann/Gunther Nogge.
[Im Zoo fotografiert von Rolf Schlosser.
Hrsg. AG Zoologischer Garten Köln]. – Köln : Wienand, 2001
ISBN 3-87909-771-2

Herausgeber
AG Zoologischer Garten Köln

Konzeption und Text
Klaus Klammann, Gunther Nogge

Fotografie
Rolf Schlosser

Koordination
Petra Kruse, Christian Roussel

Redaktion und Lektorat
Uta Hasekamp

Gestaltung
Julia Wieland, Düsseldorf

Lithografie
grains | pixels, Leverkusen

Gesamtherstellung
Druck- und Verlagshaus Wienand GmbH, Köln

ISBN 3-87909-771-2

Inhalt

Botschafter ihrer Artgenossen

Kein Fernsehfilm und kein noch so schöner Bildband über Tiere können die persönliche Begegnung mit ihnen ersetzen. Zwar ist es heute möglich, in die entlegensten Gegenden der Erde zu reisen, um Tiere in der Natur zu beobachten, doch solche Reisen muss man sich erst einmal leisten können. Für die meisten Menschen bleibt daher nur der Zoo-Besuch, um sich den Wunsch nach der Begegnung mit Tieren zu erfüllen. Nirgendwo erlebt der Besucher so viele Arten aus aller Welt gleichzeitig und so hautnah wie in einem zoologischen Garten.

Auch dieses Buch kann und will kein Ersatz für den Zoo-Besuch sein. Es soll ihn vielmehr ergänzen und vertiefen, indem es Informationen vermittelt, die dem Besucher bei seinem Rundgang oft nicht zugänglich sind.

Der Kölner Zoo, 1860 gegründet, ist einer der ältesten zoologischen Gärten in Deutschland. Sein heutiges Erscheinungsbild ist das Ergebnis einer 140-jährigen Entwicklung, die durch die Jahrzehnte von den jeweils jüngsten Erkenntnissen der Wissenschaft geprägt wurde.

Mehr als 500 verschiedene Tierarten aus allen Kontinenten und Weltmeeren bilden derzeit den Bestand des Zoos. Zwar geben Informationsträger vor Ort Aufschluss über ihre Herkunft, doch die Präsentation erfolgt eher nach systematischen Kategorien und unter tiergärtnerischen Aspekten, beispielsweise im Aquarium, im Lemurenhaus oder in der Fasanerie.

Anders als der Zoo stellt dieses Buch den Tierbestand nach tiergeografischen Regionen vor. Dem Leser wird bewusst, dass ein Gang durch den Zoo tatsächlich eine Reise um die Welt bedeutet und ihm Zugang zu den Tierwelten unserer Erde verschafft.

Gerade in den letzten Jahrzehnten haben sich unsere Kenntnisse über Lebensweise und -bedürfnisse von Tieren enorm vergrößert. Entsprechend verändert haben sich daher auch die Haltungsbedingungen von Tieren, die sich in menschlicher Obhut befinden. Deutlich anders geworden sind zudem die Ansichten darüber, wie denn ein Zoo dem Besucher die Tiere präsentieren soll. Heute leben sie nicht mehr in schlichten Käfigen oder hinter öden Drahtverhauen, sondern in biotopähnlichen Lebensräumen.

Dennoch kann der Besucher die Geschichte der Tiergärtnerei gerade im Kölner Zoo sehr gut nachvollziehen. Aufschluss hierüber geben erhalten gebliebene Anlagen und Gebäude, wie zum Beispiel das 1863 erbaute Elefantenhaus im maurischen Stil, der Affenfelsen nach der Idee Hagenbecks aus dem Jahr 1914 wie auch das im neuen Jahrtausend eröffnete zeitgemäße Tropenhaus, der »Regenwald«. *Kölner Tierwelten* stellt also nicht nur die Tiere des Kölner Zoos vor, sondern zeigt beispielhaft auch die Entwicklung zoologischer Gärten – von der Menagerie des 19. bis zum Naturschutzzentrum des 21. Jahrhunderts.

Zoologische Gärten haben sich im Laufe ihrer Geschichte aber nicht nur in ihrem optischen Eindruck verändert. Gewandelt haben sich gleichermaßen ihre Aufgabenstellung und ihr Selbstverständnis. Angesichts der gewaltigen Existenzkrise, in der sich die Natur befindet, sind die Zoos weitgehend abgeschnitten von der Tierzufuhr aus den natürlichen Ressourcen.

Sie sind daher gezwungen, die Tiere, die sie den Menschen zeigen wollen, selbst zu produzieren. Mit dem Tierbestandsmanagement im Rahmen der europäischen Erhaltungszuchtprogramme ist es ihnen zooübergreifend gelungen, sich selbst erhaltende Populationen von Gorillas, Tigern, Nashörnern und vielen anderen Arten, die vom Aussterben bedroht sind, aufzubauen.

Inzwischen gibt es eine Reihe von Arten, deren Bestände in den Zoos größer sind als in der Natur. Manche Arten existieren bereits in ihren ursprünglichen Lebensräumen überhaupt nicht mehr, sondern nur noch in zoologischen Gärten. Dadurch ist diesen eine völlig neue Verantwortung für die ihnen anvertrauten Lebewesen zugefallen. Sie stellen, wann immer sinnvoll und möglich, Tiere aus ihren Gehegen für die Wiederansiedlung in der Natur zur Verfügung. Der Kölner Zoo zum Beispiel ist an Naturschutzprojekten in Brasilien, Madagaskar, Kamerun und Vietnam beteiligt.

Ihr Bekenntnis zum Naturschutz haben die Zoos in einer Welt-Zoo-Naturschutzstrategie formuliert – bereits ein Jahr nach dem ersten Umweltgipfel, der 1992 in Rio de Janeiro stattfand. So wichtig die Zuchtprogramme der Zoos für das Überleben bedrohter Tierarten sein mögen, viel bedeutsamer ist ihr Potenzial für die in der Agenda 21 geforderte Schärfung des öffentlichen Umweltbewusstseins.

Allein der Kölner Zoo wird jährlich von rund einer Million Menschen besucht. Die Tiere, denen sie sich gegenübersehen, sind Botschafter ihrer in der Natur bedrohten Artgenossen und der vielen ebenso bedrohten Tier- und Pflanzenarten ihres geschundenen Lebensraums. Sie wollen die Menschen auf den Zustand der Natur aufmerksam machen und sie zum raschen Umdenken im Umgang mit ihr aufrufen. Aufgabe des Zoos in unseren Tagen ist es, dieser Botschaft und dem Hilferuf der Tiere Gehör zu verschaffen.

Professor Dr. Gunther Nogge
Direktor des Zoologischen Gartens Köln

Die zoologische Weltordnung

Millionen von Arten bevölkern die vielfältige Welt der Tiere, die von den Zoologen in sechs große Regionen unterteilt wird. Die Paläarktische Region umfasst West- und Osteuropa sowie Teile Afrikas und Asiens, die Nearktis die Staaten Nordamerikas bis hinunter nach Mexiko. Über Mittel- und Südamerika erstreckt sich die Neotropische Region, während unter der Äthiopischen nahezu das gesamte Afrika sowie ein Teil Arabiens verstanden werden.

Hinzu kommen die Orientalische sowie die Australische Region. Zur ersteren, also Südostasien, zählen etwa Indien, Myanmar, Indonesien, die Philippinen und Malaysia, während zur Australis der den Namen liefernde kleinste Kontinent der Erde, die Sundainseln, Neuguinea und Neuseeland gerechnet werden.

Als siebte Region gilt gelegentlich die Antarktis, die zur Zeit dieser Einteilung noch nicht entdeckt worden war. Sie geht zurück auf die Erkenntnisse des Vogelkundlers P. L. Sclater, der sich im 19. Jahrhundert ausschließlich in seinem Fachgebiet bewegte und sich bei der Strukturierung an ornithologischen Kriterien orientierte.

Verfestigt wurde die zoologische Weltordnung durch den Wissenschaftler Alfred Wallace. Er fand heraus, dass sich alle Tierarten problemlos in das erdumspannende Raster eingliedern lassen, – nicht ahnend, dass die Forscher in den folgenden Jahrzehnten Millionen von ihnen neu entdecken würden.

Diese tiergeografische Aufteilung unserer Erde, an deren Gültigkeit sich bis ins 21. Jahrhundert nichts geändert hat, ist Grundlage dieses Buches. Zum einen will der Band einen Einblick in die Lebensräume der vielfältigen Fauna vermitteln, zum anderen aber auch am Beispiel des Kölner Zoos das gewandelte Selbstverständnis der zoologischen Gärten transparent machen, die durch internationale Zusammenarbeit versuchen, das Überleben bedrohter Arten und den Erhalt ihrer Lebensräume zu gewährleisten.

Fotografiert wurden die *Kölner Tierwelten* von Rolf Schlosser, der seit vielen Jahren regelmäßig mit seiner Hasselblad im Kölner Zoo unterwegs ist.

Klaus Klammann

Europa

Nord- und Innerasien

Teile Arabiens

nördlicher Küstenstreifen Afrikas

Paläarktische Region

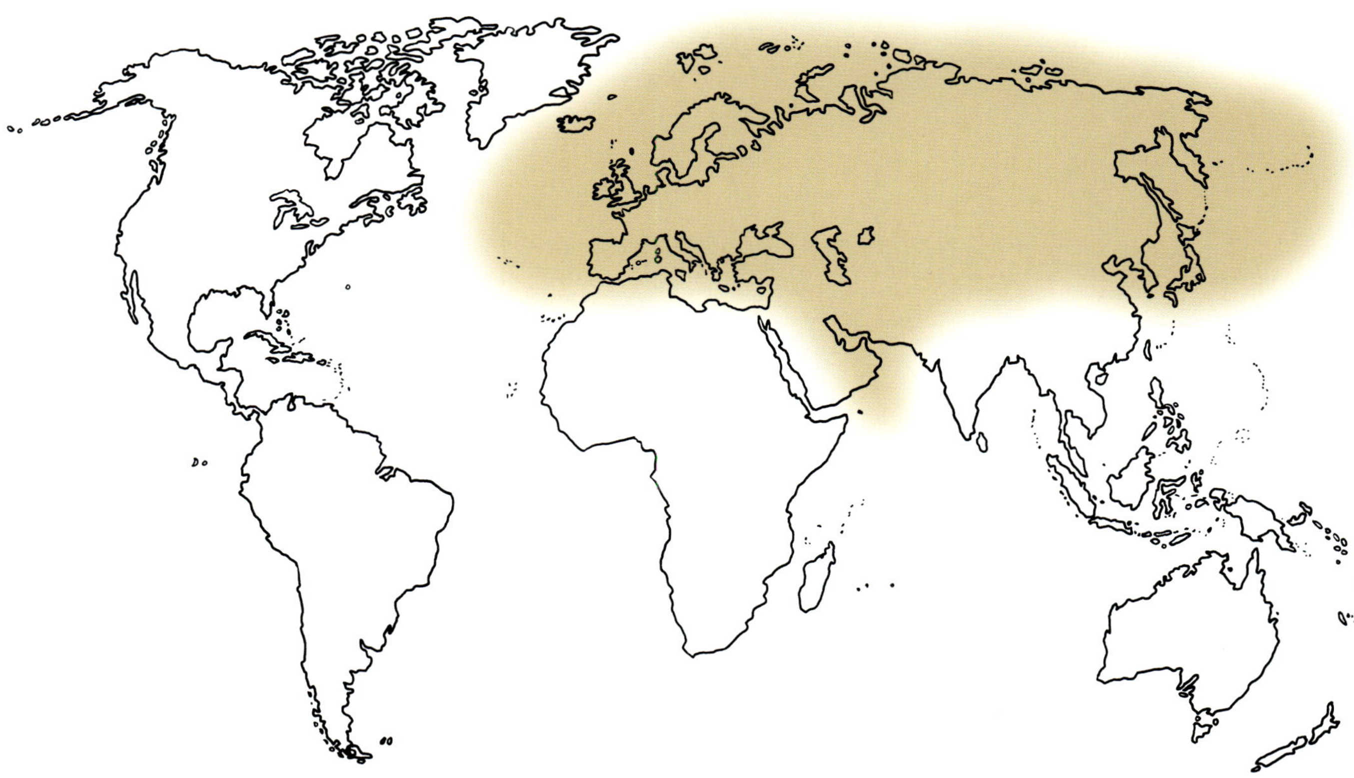

Europa und nördliches Asien – von der Nordsee bis zum Fernen Osten

Über drei Kontinente – Afrika, Europa und Asien – erstreckt sich die Paläarktische Region. In der zoologischen Weltordnung reicht sie von West- über Osteuropa bis in die Taiga und den Himalaya, ergänzt durch einen schmalen Streifen Nordafrikas. Von den Inseln und Küsten der Nordsee bis tief hinein in den Fernen Osten war den Tieren kein besseres Schicksal beschieden als denen in Afrika, Nord- und Südamerika oder Südostasien. Viele Arten wurden ausgerottet, andere stehen kurz davor.

Außer Bären und Wölfen in den Alpen sowie den dort wieder angesiedelten Steinadlern hat Europa kaum außergewöhnliche Tierarten zu bieten. Die engmaschige Besiedlung weiter Gebiete verbunden mit der intensiven Bewirtschaftung des Landes sorgte für das Verschwinden, zumindest jedoch für den Rückgang vieler Arten. Beispiele hierfür sind der Fischotter, dessen Lebensraum massiv geschädigt und der fast bis zur Ausrottung gejagt wurde, sowie der Hase, dem Rodungen und landwirtschaftliche Maschinen den Boden unter den Läufen wegzogen.

Einem der kleinsten Kontinente der Erde schlug die Wissenschaft zur Schaffung der Paläarktis ein enormes Stück des größten zu, den Norden und die Mitte Asiens. In weiten Wäldern, trockenen Wüsten, hoch aufragenden Gebirgsketten, fruchtbaren Steppen und entlang gewaltiger Ströme lebten und leben nur dort vorkommende Arten wie der Sibirische Tiger, der Persische und der Schneeleopard sowie der Onager und das Przewalskipferd, einer der Vorläufer unserer heutigen Hauspferde. Sie alle gibt es nur noch in einer verschwindend geringen Anzahl. Ohne die Fürsorge der zoologischen Gärten wäre zum Beispiel das Przewalskipferd inzwischen wohl gänzlich von der Bildfläche verschwunden.

Waldohreule
(Asio otus)

Keine Lust zum Nestbau

Wenig Spaß am eigenen Nestbau hat die **Waldohreule** *(Asio otus)*, die gern in Fertigbauten brütet, welche zuvor von anderen Vögeln oder Eichhörnchen bewohnt waren. Findet das Weibchen keine passende Behausung, legt es seine durchschnittlich vier bis fünf Eier einfach unter einen Strauch oder Baum auf den Boden. Immerhin brütet es selbst, knapp einen Monat lang, während es vom Männchen gefüttert wird.

Die bis zu 40 Zentimeter großen Waldohreulen sind in Europa, Nordamerika und Asien zu Hause. Sie leben in Wäldern, Parks, auf Friedhöfen und sogar in Hausgärten. Meist sind die Vögel nachts unterwegs, jagen Ratten, Mäuse, Eichhörnchen und andere Kleinsäuger. Tagsüber ziehen sie sich zum Schlafen auf Bäume zurück, wo sie durch ihr braunscheckiges Gefieder kaum auszumachen sind. Besonders auffällig sind die langen Ohrbüschel der Waldohreule, die sich während des Fliegens eng an den Kopf schmiegen.

(Foto vorherige Seite)

Flinke Jäger stark dezimiert

Beängstigend dezimiert wurde in den vergangenen Jahrzehnten der **Europäische Fischotter** *(Lutra lutra)*. Erst jagte ihn der Mensch wegen seines Pelzes und als Konkurrenten der Fischer, später sorgten Eingriffe in die Wasserwelt, Straßenverkehr und der Einsatz von Giften in der Landwirtschaft für eine weitere dramatische Verringerung des Bestandes. Der Fischotter, seit Ende der sechziger Jahre unter Naturschutz, wurde auf diese Weise zum gefährdetsten europäischen Säugetier.

Die wenigen noch übrig gebliebenen Tiere leben vorwiegend an baum- und buschbestandenen Flussufern. Für den Aufenthalt im Wasser sind die eleganten und flinken Schwimmer bestens gerüstet. Ihre stromlinienförmigen Körper und die Fähigkeit, einige hundert Meter weit zu tauchen, machen die Otter zu geschickten Jägern. Unter Wasser bleiben ihre Augen geöffnet, während sich Nasenlöcher und Ohren automatisch schließen. Im Zoo erhalten die Tiere ein vielfältiges Nahrungsangebot, in das Kleintiere und sogar Hundekuchen eingeschlossen sind.

Feuerfuchs bevorzugt Bambus

»Feuerfuchs« wird der **Kleine Panda** oder **Katzenbär** *(Ailurus f. fulgens)* wegen seiner rötlichen Färbung von den Chinesen genannt. Seine Heimat sind die Südosthänge des Himalayas und die Bergwälder der Provinz Szetschuan. Er bevorzugt Höhenlagen zwischen 2000 und fast 5000 Metern und ernährt sich dort überwiegend von Bambus. Auch Beeren und Wurzeln sowie Eier und Jungvögel stehen auf seinem Speiseplan. Nach neueren Erkenntnissen ist der Kleine Panda kein so naher Verwandter seines großen Vetters wie anfänglich angenommen, sondern eher eine frühe Variante der heutigen Kleinbären. Allerdings sind die Kleinen Pandas genauso bedroht wie die Großen Pandas, weniger durch ihre natürlichen Feinde wie den Schneeleoparden als durch Umweltschäden und den Menschen. Der Kleine Panda lebt paarweise innerhalb eines festen Territoriums, das er durch Duftmarken kennzeichnet. Im Kölner Zoo sorgen die possierlichen Tiere regelmäßig für Nachwuchs. Die bei der Geburt blinden Jungen verlassen nach rund 90 Tagen erstmals ihre mit Gras und Laub gepolsterte Behausung.

Zähne und Krallen als tödliche Waffen

Die Menschen, die in seinem Revier leben, bewundern und fürchten ihn zugleich, den mächtigen Tiger (*Panthera tigris*), dessen spitze Eckzähne und extrem lange Krallen für sie und viele Tiere zu tödlichen Waffen werden können. Zwar meidet die gestreifte Katze meist seine Nähe, doch wenn der Mensch zu intensiv in seinen Lebensraum eindringt, kann auch er zur Beute werden.

Im Gegensatz zum Löwen ist der Tiger ein Einzelgänger; in der Brunstzeit halten es Männchen und Weibchen gerade mal ein paar Tage miteinander aus. Ansonsten geht der Tiger allen Artgenossen aus dem Weg und verteidigt sein Territorium gegen jedweden männlichen Konkurrenten. Das Revier, das der Räuber durchstreift, hat gehörige Ausmaße, immerhin ist er nach dem Eisbären das größte Landraubtier der Erde – und wie dieser nicht im geringsten wasserscheu.

Die Großkatze wird über zwei Meter lang und bis zu 270 Kilogramm schwer, das Weibchen, das allein für die Aufzucht der Jungen sorgt, erreicht ein Gewicht von bis zu 170 Kilogramm. Verbreitet ist der Tiger in bewaldeten Gebieten Indiens, Südostasiens und Chinas, auf Sumatra sowie im südöstlichen Russland mit Unterarten wie dem Bengal- oder Königstiger (*Panthera tigris tigris*) und dem **Sibirischen Tiger** (*Panthera tigris altaica*). Der Sibirische Tiger mit massivem Körperbau und dichtem, langhaarigem Fell ist die größte Katzenform – stark bedroht. Während in freier Wildbahn nur noch schätzungsweise 200 von ihnen leben, sind es in den zoologischen Gärten über 500.

»Schwarzer Panther« ist nur gefärbt

Manche Mär rankt sich um den »Schwarzen Panther«, der lange Zeit für eine eigene Art gehalten wurde. Doch inzwischen hat die Wissenschaft herausgefunden, dass er nur ein durch eine genetische Variante schwarz gefärbter Leopard oder Panther (*Panthera pardus*) ist. Für gewöhnlich zieren schwarze Flecken das hellbraune Fell des geschickten Kletterers. Er lebt in Afrika südlich der Sahara, in Südasien sowie verstreut im Norden Afrikas, in Arabien und im Fernen Osten. Von allen Arten aus der Familie der Katzen (*Felidae*) ist der einzelgängerische Leopard in unterschiedlichster Umgebung am weitesten verbreitet.

Der *Panthera pardus* macht Jagd auf Vögel oder kleinere Säugetiere, an die er sich anschleicht und die er mit einem kurzen Sprung erlegt. Oft schleppt der Einzelgänger seine Beute auf Bäume, um sie dort vor ungebetenen Gästen in Sicherheit zu bringen. Der Leopard, kräftiger als der Gepard und eleganter als der Jaguar, kann knapp zwei Meter lang werden. Sein Gewicht variiert zwischen 30 und 70 Kilogramm. Die Männchen sind um etwa die Hälfte größer als die Weibchen. Nur die Mutter versorgt die Jungen, bis sie knapp 20 Monate alt sind. Solange die Kleinen ihr nicht folgen können, müssen sie in einem Versteck auf ihre Rückkehr warten.

Sieben Unterarten sind wissenschaftlich anerkannt. Im Kölner Zoo wird der **Persische Leopard** (*Panthera pardus saxicolor*) gehalten, der die Gebirge Persiens und Afghanistans bewohnt. Weil der Mensch ihm immer dichter auf das Fell rückt, hat sich seine Anzahl dort drastisch reduziert. Daher wurde ein Zuchtprogramm aufgelegt. Es führte dazu, dass rund 170 Persische Leoparde, die jetzt in zoologischen Gärten gehalten werden, von vier oder fünf Tieren abstammen.

Dickes Fell für den Winter

Das natürliche Umfeld der Großkatzen simuliert die neue Leopardenanlage des Kölner Zoos, von der die Besucher nur durch Glasscheiben getrennt sind. Hier lebt der seltene **Schneeleopard** *(Uncia uncia)*, auch **Irbis** genannt, aus den Gebirgen Zentralasiens. Angepasst an die extremen Wetterbedingungen in Höhen zwischen 1800 und 5500 Metern ist sein Fell im Winter erkennbar dicker als im Sommer. Da in diesen eisigen Gefilden auch die Beutetiere, zum Beispiel Wildschafe, Hirsche, Hasen oder Ziegen, rar sind, umfasst das Revier eines einzigen Schneeleoparden bis zu 100 Quadratkilometer.

Schneeleoparden sind Einzelgänger, nur während der Paarungszeit jagen Männchen und Weibchen gemeinsam. Bis zu vier Junge bringt die Katze nach einer Tragezeit von rund 100 Tagen zur Welt, die während des ersten Winters unter dem Schutz der Mutter leben.

Ein Höcker oder zwei?

Hat das Kamel nun einen Höcker oder zwei? Über diese Frage ist schon manch ein Quiz-Kandidat gestolpert. Richtig ist beides, denn zur Gattung *Camelus*, gemeinhin als Kamel bezeichnet, gehören zwei Unterarten, das einhöckrige Dromedar *(Camelus dromedarius)* und das **Trampeltier** *(Camelus bactrianus)*, das deren zwei auf dem Rücken trägt. Die Größe der Höcker gibt Aufschluss darüber, wie gut die Tiere im Futter stehen, denn nach längerem Fasten bauen sich darin gespeicherte Fettreserven ab. Während die Dromedare als Nutztiere in Afrika weit verbreitet sind, stammen die zottigeren Trampeltiere aus Vorder- und Mittelasien. Nur in der Wüste Gobi (Mongolei) finden sich noch wild lebende, übrigens zweihöckrige Kamele.

Mit stoischer Ruhe stellen sich im Kölner Zoo Trampeltiere den Blicken der Besucher. In Asien wie auch in Afrika waren Kamele Jahrhunderte hindurch unentbehrliche Reit- und Lasttiere. Sie können problemlos lange Durststrecken überwinden und in einer Stunde bis zu 200 Liter Wasser saufen, um den Flüssigkeitsverlust auszugleichen.

Wildpferd mit Bürstenhaarschnitt

Das **Przewalskipferd** *(Equus przewalskii)* ist der einzige noch existierende Vorläufer unseres Hauspferdes. Allerdings lebt dieses Wildpferd heute ausschließlich in zoologischen Gärten, Wildparks und größeren Reservaten, dort ist der Gesamtbestand inzwischen wieder auf rund 1500 Tiere angewachsen. Sie alle stammen von elf Pferden ab, die Carl Hagenbeck Anfang des vorigen Jahrhunderts aus der Mongolei holte. In seiner ursprünglichen Heimat ist das Przewalskipferd seit über drei Jahrzehnten ausgestorben.

Der Asienforscher Nikolaj Przewalski entdeckte das mongolische Wildpferd, das seinen Namen trägt, erst Ende des 19. Jahrhunderts. Das Przewalskipferd ist etwa 1,35 Meter groß. Vom uns bekannten Reit-, Renn- oder Arbeitspferd unterscheidet es sich äußerlich durch eine bürstenartig hochstehende Mähne, eine weiße Nase und hell abgesetzte Augen.

Der Kölner Zoo koordiniert das Europäische Erhaltungszuchtprogramm (EEP), darüber hinaus startete und betreibt er Natur-, Artenschutz- und Forschungsprojekte, in denen das Przewalskipferd berücksichtigt wird. Im ungarischen Hortobágy Nationalpark lebt es fast in freier Wildbahn, dort wird eine Wildpferd-Herde als »Landschaftspfleger« eingesetzt.

Mensch sichert das Überleben

In einer trostlosen Umgebung, den kargen Salzsteppen des Iran, von Afghanistan und Turkmenistan sind die **Onager** *(Equus hemionus onager)* zu Hause. Die Erhaltung dieser seltenen Huftierart liegt heute allein in der Hand des Menschen. Glücklicherweise kam durch den Tierpark Hagenbeck Anfang der fünfziger Jahre eine kleine Gruppe der Halbesel nach Deutschland. Ihr Nachwuchs wurde auf mehrere zoologische Gärten verteilt. Inzwischen leben rund 150 Tiere in den Zoos rund um den Globus. Das internationale Zuchtbuch der Onager wird im Berliner Tierpark geführt.

In ihrer natürlichen Umgebung sind sie in kleinen Hengstrudeln oder Verbänden von Stuten und Fohlen unterwegs. Zwar laufen sie schnell und ausdauernd und können so vierbeinigen Feinden entkommen, doch instabile politische Verhältnisse, weit reichende Gewehre und die zunehmende Motorisierung haben eine starke Reduzierung ihres Bestandes bewirkt.

Tarnfarbe gegen Feinde

Nachwuchs bei den **Bucharahirschen** *(Cervus elaphus bactrianus)*: Ganz eng an die Mutter schmiegt sich das winzige Kälbchen, das kurz zuvor im Kölner Zoo auf die Welt gekommen ist. Es trägt die gefleckte Tarnfarbe, die die Jungen in ihrer natürlichen Umgebung für Feinde fast unsichtbar macht.

Bucharahirsche sind eine asiatische Unterart des in großer Zahl vorkommenden Rothirsches, der in ganz Europa verbreitet ist, es gibt sie allerdings nur noch in wenigen hundert Exemplaren in Naturschutzgebieten von Turkestan und Nordafghanistan. Der Bucharahirsch ist kleiner und in den Deckhaaren heller gefärbt als der in Mitteleuropa verbreitete Rothirsch. Nur wenige zoologische Gärten halten die seltene asiatische Unterart.

Schnabel dient als Käscher

Groß und respekteinflößend sehen die **Rosapelikane** *(Pelecanus onocrotalus)* aus, die im 19. Jahrhundert in weiten Teilen Europas häufig anzutreffen waren. Doch inzwischen sind die Vögel ziemlich selten geworden, sieht man einmal vom Donaudelta ab, das nach wie vor einer vielköpfigen Kolonie der Tiere Raum zum Leben und zur Aufzucht ihres Nachwuchses bietet.

Rosapelikane erwecken den Anschein, kompakt und schwergewichtig zu sein. Doch sie wiegen nur etwa zehn Kilogramm und sind damit für ihr Volumen erstaunlich leicht. Grund hierfür sind die Luftsäcke, Ausstülpungen der Lunge, sowie die porösen, stark lufthaltigen Knochen des Vogels. Sie reduzieren sein Gewicht, so dass er weit aus dem Wasser ragt und nur einen geringen Tiefgang hat.

Signifikant für den Pelikan und außerdem sehr sinnvoll konstruiert ist der lange Schnabel. Er benutzt ihn sozusagen als Käscher, mit dem er geschickt die Fische aus dem Wasser schöpft; deponiert wird die Beute im Hautsack des Unterschnabels.

Krach im großen Schwarm

Eine lautstarke Truppe sind die **Halsbandsittiche**, deren indische Art *(Psittacula krameri manillensis)* sich auch in Köln niedergelassen hat. An die 600 dieser auffällig grünen, rotschnäbeligen Vögel, so schätzen Experten, stammen inzwischen von aus Volieren entflogenen Exemplaren ab. Meist sind sie in kleinen Gruppen unterwegs, sammeln sich jedoch abends stets auf denselben Schlafbäumen. Genau dort, im größeren Schwarm, machen die Sittiche den meisten Krach. Auch beim schnellen Flug ertönen ihre lauten Schreie.

Ursprünglich stammen die über 40 Zentimeter großen Vögel aus Indien und Ceylon, haben sich jedoch im Laufe der letzten Jahrzehnte weltweit verbreitet. In ihrer Heimat leben sie in Savannen, Trockenwäldern und anderen offenen Gebieten mit Baumbestand. Sie bleiben ihrem einmal gewählten Standort meist treu, in den Städten sehr zum Verdruss der Anwohner. Halsbandsittiche haben sich als unempfindlich gegenüber unseren klimatischen Bedingungen erwiesen, werden rasch zutraulich und sind bei ihrer Nahrung nicht sehr wählerisch.

Ente mit vielen Freunden

Auch eine Ente kann viele Freunde haben. Nicht Donald Duck ist gemeint, sondern die farbenfrohe **Mandarinente** *(Aix galericulata)* aus der Gruppe der Glanzenten, eine der am häufigsten gehaltenen Zierenten. Die Heimat des attraktiven Wasservogels ist die ostasiatische Laubwaldtaiga, in der er allerdings durch Waldrodungen und andere menschliche Eingriffe immer stärker zurückgedrängt wird. In ihrem ursprünglichen Lebensraum brüten die Vögel bevorzugt in Baumhöhlen an Seen, Teichen und ruhigen Flussläufen, dort wo der Wald bis an die Ufer reicht.

Inzwischen ist die Mandarinente auch in Europa verbreitet, sowohl in zoologischen Gärten, Parks und privaten Gehegen wie auch in der Natur. Haltung und Zucht der Tiere sind ohne größere Schwierigkeiten möglich, da sie sich in den Temperaturen unserer Breiten recht wohl fühlen.

Als einziges Problem entpuppen sich manchmal die Erpel, ziemlich rüde Gesellen, die sich nicht nur untereinander bekriegen, sondern selbst die eigene Partnerin während der Balzzeit oft grob traktieren.

Beutefang mit Säbelschnabel

Der **Säbelschnäbler** *(Recurvirostra avosetta)* zählt zu den Regenpfeifern, die in die sehr formenreiche Gruppe der Watvögel gehören. Er hat ein schwarzweißes Gefieder, lange blaugraue Beine und einen säbelartigen, in der Spitze leicht nach oben gebogenen Schnabel. Mit ihm fischt er Weich- und kleine Krebstiere sowie Insekten aus Wasser und Schlamm. Säbelschnäbler (Foto mit Jungem) leben in Südwest- und Zentralasien sowie in Teilen Afrikas und Europas. Während die im Norden brütenden Tiere als Zugvögel den Winter in Afrika oder Asien verbringen, bleibt ein Teil der Bewohner Südeuropas während der kühleren Jahreszeit im Brutgebiet. Ihre bevorzugte Umgebung sind Brackwasser- und Wattzonen, Lagunen sowie die Mündungsgebiete von Flüssen.

Augen wie Katzen

Sie sind in erster Linie bei Nacht aktiv und diesem Leben voll angepasst. Geckos haben Augen gleich denen der Katzen, deren spaltenförmige Pupillen sich in der Dunkelheit zu einem Kreis vergrößern. In den Wüsten Afghanistans ist der **Leopardgecko** *(Eublepharis macularius)* unterwegs. Da er sich am Boden aufhält, fehlen ihm die Haftlamellen, mit denen andere Arten von Geckos selbst glatteste senkrechte Wände hochklettern können – so wie der Tokeh *(Gekko gecko)*, dessen Ruf im »Regenwald« des Kölner Zoos ertönt.

Leopardgeckos vergraben ihre Eier an mäßig feuchten Stellen ihrer Umgebung, ein nicht leichtes Unterfangen, da ihr Lebensraum durchweg pulvertrocken ist. Beobachtungen im Kölner Zoo zeigten eine moderate Form der Brutpflege: Die Geckos scharren die Öffnung zum Platz der Eiablage auf und zu, möglicherweise um Temperatur und Feuchtigkeit zu optimieren.

Ein Tänzchen vor der Paarung

Schon in der Mythologie des Altertums hatte der Flug der Kraniche Symbolcharakter, wie in Schillers Ballade »Die Kraniche des Ibykus« nachzulesen. Noch heute bietet die Reise der imposanten Vögel in ihr Winterquartier ein eindrucksvolles Schauspiel. 15 Kranicharten gibt es rund um den Globus, eine der auffälligsten ist der **Weißnackenkranich** *(Grus vipio)*. Er wird samt langem Hals an die 1,30 Meter groß und hat eine Flügelspannweite von etwa zwei Metern. Es ist wie sooft dasselbe Lied: Sein Bestand in einem kleinen Brutgebiet Zentralasiens wird auf nur noch 5000 Tiere geschätzt. Eingriffe in die Natur bedrohen die seltene Art. Dies führte zur Aufnahme des Weißnackenkranichs in das Europäische Erhaltungzuchtprogramm. Mit Erfolg, wie der Nachwuchs im Kölner Zoo (Foto unten) zeigt.

Kraniche treffen sich zum Abflug in ihr Winterquartier alljährlich an denselben Plätzen. Von dort aus fliegen die Weißnackenkraniche um die 3000 Kilometer weit bis nach Korea und Japan. Mit abwechselndem Steig- und Gleitflug bringen sie es auf bis zu 80 Kilometer in der Stunde.

Kraniche halten es wie die Störche, sie bleiben als Paare zusammen, bis einer von ihnen stirbt. Ein eigenartiges Ritual leitet das Zusammenfinden zweier Partner ein. Begleitet von lauten Trompetentönen absolviert der Kranich ein Tänzchen, bei dem Hüpfer und Verbeugungen sich mit kurzem Abheben in die Luft mischen.

Kanada

USA

Nördliches Mexiko

Nearktische Region

Nordamerika – wo der weiße Mann die Bisons jagte

Vom Dauerfrost der Arktis bis hinunter zu den glühenden Wüstengebieten und üppigen tropischen Tälern Mexikos erstreckt sich die nearktische Region. Dazwischen türmen sich die Gipfel der Rocky Mountains und der Appalachen, ziehen Nebelschwaden durch die Wälder an der Pazifikküste und lauern Krokodile in den Everglades, dem langgestreckten Sumpfland Floridas. Noch immer ist der weitläufige Kontinent über weite Strecken dünn besiedelt genug, um Wissenschaftler mit bisher nicht Erforschtem zu konfrontieren.

Als Europäer – Engländer, Iren, Franzosen, Deutsche – Amerika besiedelten und in die Weite des Westens zogen, verschwendeten sie in ihrer neuen Heimat beim Kampf ums Überleben keinen Gedanken an die Erhaltung von Flora und Fauna. Auch die Jagd auf Bisons war das reinste Massaker an der Natur, das allerdings nicht das Geringste mit den Bedürfnissen der Menschen zu schaffen hatte. Die Grizzlybären wurden abgeschossen, wo man sie zu Gesicht bekam, auch zahlreiche andere Arten blieben auf der Strecke. Zwar schützen Nationalparks wie Yellowstone, Yosemite und Grand Canyon in unseren Tagen Tiere, Pflanzen und Landschaften, doch für viele Bereiche der Natur kam die Erkenntnis dieser Notwendigkeit viel zu spät. Dennoch gibt es sie noch oder wieder in nennenswerter Zahl auf dem amerikanischen Kontinent: Bisons und Gabelhornböcke, die beide kurz vor dem Aussterben gestanden haben, Moschusochsen, Wölfe, Braunbären, Pumas und Kalifornische Seelöwen.

In den Wüsten, selbst im Death Valley, dem Tal des Todes, herrscht zwischen Kakteen und dürren Büschen reges Leben, das Klapperschlangen, Coyoten, kleinere Säugetiere, Vögel, Skorpione und Eidechsen dominieren. Ganz anders die tiefgrünen Regenwälder am Pazifik, in deren feuchter Wärme Mammutbäume wachsen und Kolibris schwirren, und die weiten Grasflächen der Prärie, einst Tummelplatz von 60 Millionen Bisons, den »Buffalos«, wie sie der Amerikaner nennt.

Grizzlybären
(Ursus arctos horribilis)

Jedes Jahr wenn die Lachse die Flüsse hinauf zu ihren Laichplätzen wandern, ist für den **Grizzlybären** *(Ursus arctos horribilis)* ein Festmahl angerichtet. Mit den Vorderpranken, die er auch sonst geschickt als Werkzeug einsetzt, angelt er nach den Fischen, seine in dieser Zeit bevorzugte Nahrung. Ansonsten ist der Grizzly ein Allesfresser, der sich sämtlichen Schauermärchen zum Trotz überwiegend vegetarisch ernährt. Neben Knollen, Wurzeln und Beeren macht er sich jedoch auch über Aas und sogar menschliche Abfälle her.

Furchterregend wirkt der Grizzly, der zu den Braunbären zählt, wenn er sich auf die Hinterbeine stellt und zur vollen Größe aufrichtet. Grizzlys erreichen eine Länge von anderthalb bis zweieinhalb Metern bei einem Gewicht von 175 bis 400 Kilogramm.

Der gemächliche Trott, mit dem sie sich normalerweise auf allen vieren bewegen, täuscht über ihr wahres Tempo hinweg. Auf der Flucht oder bei gefährlichen Attacken können die Bären über 60 Kilometer in der Stunde schnell werden. Seinen Namen erhielt der Grizzly, der ein Alter von 30 Jahren erreichen kann, wegen seiner grau gefärbten Haarspitzen.

(Foto vorherige Seite)

Gefährlicher Vegetarier

Zu Millionen abgeschlachtet

Er war die wichtigste Jagdbeute der Indianer, lieferte ihnen Nahrung sowie Leder für Kleidung, Decken und Zelte. Deshalb schlachteten Weiße den **Bison** *(Bison bison)* zu Millionen erbarmungslos ab. Seine totale Vernichtung war die wirksamste Waffe, um den Roten Mann ein für alle Mal zu erledigen. Einst hatten riesige Bisonherden die Präriegebiete Nordamerikas durchzogen. 60 Millionen Tiere, so schätzen Wissenschaftler, blieben bei der Massenvernichtung auf der Strecke. Um 1900 gab es in ganz Nordamerika keine 100 Bisons mehr. In letzter Minute wurde das Aussterben des gewaltigen Wildrindes durch Schutzprogramme verhindert. Heute leben unter anderem in den Nationalparks Yellowstone und Wood Buffalo wieder einige tausend der zottigen Tiere.

Das größte Säugetier Nordamerikas sieht auf den ersten Blick behäbig und harmlos aus. Doch dieser Eindruck täuscht. Ein Bison-Bulle wird im Durchschnitt 1,90 Meter hoch und wiegt bis zu einer Tonne. Der »Buffalo«, wie ihn die Amerikaner nennen, läuft schneller als ein Pferd und greift mit Urgewalt alles an, was ihn bedroht oder reizt.

Dicker Pelz gegen arktische Kälte

Während der Eiszeit tummelten sich **Moschusochsen** *(Ovibos moschatus wardi)* in ganz Europa. Weil sich die gewaltigen Tiere perfekt der Kälte angepasst hatten, blieb ihnen, als das Eis verschwunden war, nur noch ein Rückzugsraum, die arktischen Gebiete Nordamerikas und Grönlands. Auch dort wären die schwersten Pflanzenfresser der Tundra Anfang des vorigen Jahrhunderts fast ausgerottet worden, weil ihnen Jäger gnadenlos nachstellten. Nur strenge Schutzbestimmungen verhinderten eine Katastrophe.

Moschusochsen werden bis zu zweieinhalb Meter lang. Die Männchen erreichen ein Gewicht von 380 Kilogramm, die kleineren Weibchen 220 Kilogramm. Sie tragen einen dicken, wärmenden Pelz, der aus üppigen Schichten Wollhaaren und dem darüber liegenden Deckhaar besteht. Durch diesen Mantel wirken sie eindrucksvoller und größer, als sie tatsächlich sind. Verwandt sind die rinderähnlichen Wiederkäuer mit Ziegen und Schafen, aber deshalb keineswegs lammfromm. Notfalls legen sich die mutigen Moschusochsen sogar mit Wölfen und Bären an.

Eine ziemlich laute Gemeinschaft bilden die **Kalifornischen Seelöwen** *(Zalophus californianus)*, die zu bestimmten Zeiten ihr Bellen hören lassen. Ihr natürliches Umfeld sind die felsigen Meeresküsten des westlichen Nord- und Mittelamerika. Kaum eine Säugergruppe ist so hervorragend an das Leben im Meer angepasst wie die Robben. Ihr stromlinienförmiger Körper und die zu Flossen gewordenen Gliedmaßen machen sie zu exzellenten Schwimmern und Unterwasserjägern, die bis zu 100 Meter tief tauchen können. Vor der Auskühlung in der Kälte des Pazifiks bewahrt sie eine dicke Fettschicht.

Fische und andere Meerestiere jagt jede Robbe allein, doch zur Fortpflanzung bilden die lebhaften Tiere an Land dicht gedrängte Verbände. Die Männchen werden über zwei Meter lang und bis zu 230 Kilogramm schwer, die kleineren Weibchen bis zu 90 Kilogramm. Kalifornische Seelöwen gelten als spielfreudig, neugierig und gelehrig, nicht zuletzt wohl deshalb sind sie am häufigsten in Zoos (und auch im Zirkus) zu sehen. In Köln tummeln sie sich rund um den bereits 1887 gebauten Seelöwenfelsen, der in über 100 Jahren nichts an Attraktivität und Zweckmäßigkeit eingebüßt hat.

Fett bewahrt vor Auskühlung

Lebende Fossilien

Sozusagen lebende Zeugen längst vergangener Jahrtausende sind die **Kaimanfische** *(Lepisosteus tristoechus)*. Sie gehören zur Familie der fossil anmutenden Knochenhechte, die während der Jura- und Kreidezeit in weiten Teilen der Erde verbreitet waren. Heute findet man Knochenhechte nur noch in den Flüssen Nord- und Zentralamerikas. Im Reich der Fische zeichnen sie sich durch ein singuläres Körpermerkmal aus: Das Rückgrat der noch lebenden sieben Arten besteht aus Wirbeln, die durch bewegliche Gelenke miteinander verbunden sind. Kaimanfische, die bis zu drei Metern lang werden können, aber meistens kleiner bleiben, verfügen über kräftige Zähne. Im Gegensatz zum Hecht, der ihnen ähnelt, aber durchweg als Einzelgänger unterwegs ist, jagen diese großen Räuber häufig in Schwärmen ihre Beute, vorzugsweise Fisch.

Eule mit schwarzem Bart

Leichte Irritation kann schon aufkommen, wenn man in die goldgelben Augen und das strenge Gesicht des **Bartkauzes** *(Strix nebulosa)* blickt. Der Vogel aus der Familie der Eulen trägt einen ausdrucksvollen Schleier aus zahlreichen Federn, die dem Gesicht eine ebenmäßig runde Form geben. Sie sind allerdings nicht nur reine Dekoration, sondern gleichzeitig ein wichtiger Schallfänger und Schutz für die großen Ohröffnungen. Da der Bartkauz seine weitsichtigen Augen kaum bewegen kann, dreht er zum Sehen den gesamten Kopf.

Der Kopf des Bartkauzes wirkt größer, als er tatsächlich ist, weil er rundum mit vielen Federn besetzt ist. Federn geben ihm auch seinen Namen, jene nämlich, die er unter dem Kinn trägt und die den Eindruck eines Bartes hervorrufen. Das Grau seines dezent braun gesprenkelten Gefieders sorgt für eine gute Tarnung vor allem bei der Jagd auf Mäuse, Vögel und andere Kleintiere.

Bartkäuze leben im Norden Amerikas, Europas und Asiens. Dort bevorzugen sie Wälder mit Nadelbäumen, in denen sie stets mit demselben Partner brüten.

Küken müssen picken lernen

Der **Kappensäger** *(Mergus cucullatus)* ist in zoologischen Gärten und auf privaten Teichen unserer Breiten keine Seltenheit, nachdem er in den sechziger und siebziger Jahren sein Europa-Debüt gegeben hat. Inzwischen gilt er sogar als ideal, wenn man diese Arten von Entenvögeln züchten möchte. Seine Heimat liegt in der nördlichen Nadelwaldzone Amerikas, dort wo er bewaldete Seen oder Flüsse vorfindet.

Die apart gefärbten Tiere, deren Erpel mit durchschnittlich 700 Gramm Gewicht etwas schwerer als die Ente ist, ernähren sich von winzigen Fischen, Insekten, Kleinkrebsen und etwas vegetarischer Kost. Nach einer Brutzeit von rund 30 Tagen schlüpfen meist zwischen sechs und zwölf Küken. Das Aufpicken nicht lebendiger Nahrung müssen sie unter der Obhut des Menschen erst lernen, deshalb werden sie anfänglich mit Mehlkäferlarven gefüttert.

Zum Verwechseln ähnlich

Zum Verwechseln ähnlich sind sich die Küsten- und die Flussseeschwalbe. Beide tragen ein weißes Brutkleid und dazu einen Mantel in möwengrauer Farbe. Nur bei genauerem Hinsehen wird der Unterschied deutlich. Den roten Schnabel der Flussseeschwalbe ziert eine schwarze Spitze, während der des Küstenvogels einfarbig blutrot ist. Außerdem steht die Küstenseeschwalbe auf etwas kürzeren Beinen als ihre Verwandte aus der Gattung *Sterna*. Im Kölner Zoo ist die rund 35 Zentimeter große **Flussseeschwalbe** *(Sterna hirundo)* vertreten, die an Flüssen und Seen, an Meeresküsten und auf Inseln lebt. Sie ist weit verbreitet und sowohl in Europa wie auch in den USA, Teilen Afrikas und Asiens anzutreffen. Die Vögel nisten in Kolonien, die sich nicht selten in der Gesellschaft anderer Arten befinden.

Nistkästen samt Enten versetzt

Zuhauf lebten noch im 19. Jahrhundert im Norden Amerikas die prächtig gefärbten **Brautenten** *(Aix sponsa)*. Doch durch die Vernichtung ihrer Lebensräume und ständige Bejagung wurde ihr Bestand massiv dezimiert. Bereits Anfang des vorigen Jahrhunderts gab es umfangreiche Aktionen zur Auswilderung gezüchteter Tiere. Ornithologen gingen sogar so weit, Nistkästen samt darin brütender Enten in ein anderes Umfeld zu versetzen, wenige Tage bevor die Küken schlüpften. Die Jungvögel akzeptierten ihre neue Heimat und blieben in der Folgezeit an Ort und Stelle.

Brautenten, die mit Erfolg auch in Mitteleuropa gehalten werden können, brüten in ihren Herkunftsregionen vorzugsweise in Wäldern, an ruhigen Flüssen und wärmeren Gewässern, deren Ufer mit alten Bäumen bewachsen sind. Sie überwintern in den Südstaaten der USA, wo sie sich bei ausreichendem Nahrungsvorkommen auch zu größeren Schwärmen sammeln. Neben Samen, Eicheln und Bucheckern gehören Kleinlebewesen und winzige Fische zu ihrer Ernährung.

Südliches Mexiko

Mittelamerika

Südamerika

Neotropische Region

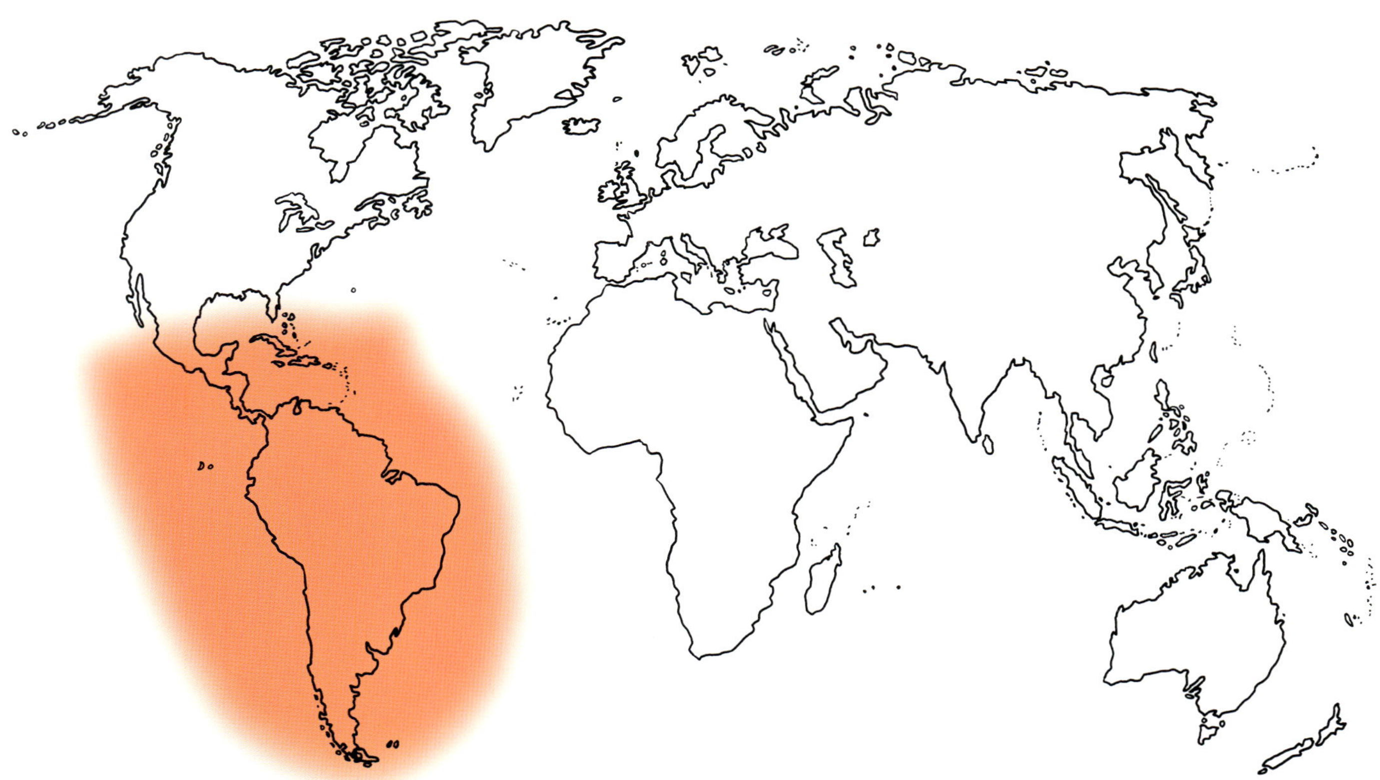

Mittel- und Südamerika – Piranhas und goldene Äffchen

Ein im wesentlichen geschlossenes Gebiet ist die Neotropische Region. Sie umschließt die Länder Mittel- und Südamerikas vom südlichen Mexiko bis hinunter nach Feuerland. Große Pflanzenfresser wie Elefanten oder Giraffen fehlen, stattdessen beeindrucken die Länder Lateinamerikas durch eine ungeheure Artenvielfalt, in der an die 600 Säugetiere vertreten sind. Mit 340 stellen die Nager den höchsten Anteil, gefolgt von den Fledermäusen, die es immerhin auf 140 verschiedene Arten bringen. Lebewesen von seltener Schönheit sind darunter wie die in ihrer Existenz bedrohten Goldgelben und Goldkopf-Löwenäffchen, so singuläre wie das Gürteltier oder der Ameisenbär, aber auch so sagenumwobene wie die Piranhas, mit denen sich seit Jahrhunderten blutrünstige Geschichten verbinden.

Diese kleinen, aber gefräßigen Fische gehören zu den Bewohnern des riesigen Stromsystems Südamerikas, des Orinoko, der Flüsse der Landschaft Guayana und Brasiliens und natürlich des Amazonas – eines Stroms, wie es keinen anderen auf der Welt gibt: 17 seiner Nebenflüsse sind mehr als 1600 Kilometer lang. Das Becken dieses Flussgiganten umfasst sieben Millionen Quadratkilometer, ein kaum vorstellbares Gebiet, in dem sich ein gewaltiger, schier undurchdringlicher Urwald ausbreitet. Zwangsläufig ist alles Leben dort eng miteinander verknüpft, der Strom, die Flora und die vielfältige Fauna.

Erdgeschichtlich waren Süd- und Mittelamerika meist weitgehend von den übrigen Kontinenten abgeschnitten. Nicht zuletzt dieser Isolation hat die Neotropische Region ihre ganz eigene Tier- und Pflanzenwelt zu verdanken. Am Unterlauf des Amazonas, dort wo sich in Regenzeiten das Wasser endlos ausbreitet, leben Flussdelphine, Schildkröten, Kaimane und amphibische Wasserschweine, die Jagdbeute der mächtigen Anakonda und des Jaguars. In den Anden, die sich Tausende von Kilometern durch den gesamten Kontinent auffalten und deren Tauwasser die Fluten des Amazonas speist, wurden Alpakas und Lamas schon vor über 4000 Jahren domestiziert. Der Mähnenwolf, der Pudu und der Große Mara sind Arten, die sich nur in Südamerika entwickelt haben.

Piranhas
(Serrasalmus nattereri)

Zähne wie Rasiermesser

Sie gelten als blutgierige Ungeheuer, die einen Menschen in Sekundenschnelle bis auf die Knochen abnagen können, doch die **Piranhas** *(Serrasalmus nattereri)* erfüllen in ihrem Lebensraum, den Flüssen des Amazonasgebiets, als »Gesundheitspolizei« eine durchaus nützliche Aufgabe. Zusätzlich zu den rasiermesserscharfen Zähnen sind sie mit einem hervorragenden Witterungsvermögen ausgestattet, das sie in kürzester Zeit zu einem verletzten oder verendeten Tier führt. So halten sie das Wasser von Kadavern frei und reduzieren auf diese Weise dessen Verunreinigung.

Forscher haben festgestellt, dass es in Orinoko, Amazonas sowie in anderen so genannten »Weißwasserflüssen« 36 verschiedene Arten von Piranhas gibt. Eines ist all diesen Schwarmfischen gemeinsam: ein ziemlich großer und kräftiger Kiefer mit rund 30 scharfen, spitzen Zähnen, die schon bei jungen Exemplaren deutlich ausgeprägt sind. Im Aquarium gehaltene Piranhas werden bis zu 30 Zentimeter lang und können ein Alter zwischen 25 und 30 Jahren erreichen. Speziell für die Jungtiere müssen Verstecke geschaffen werden, neben geeigneter Nahrung eine der Voraussetzungen zum Überleben.

(Foto vorherige Seite)

Äffchen mit zwei Farben

Einer ungewissen Zukunft sieht das **Goldkopf-Löwenäffchen** *(Leontopithecus r. chrysomelas)* entgegen. Es hat unter der Rodung der Wälder zu leiden, so dass sich sein heutiger Lebensraum auf die Wälder eines schmalen Küstenstreifens im Süden des brasilianischen Staates Bahia beschränkt. Das Gebiet ist inzwischen auf zwei Prozent seiner ursprünglichen Größe geschrumpft, kein Wunder also, dass die auffällige und attraktive Art stark vom Aussterben bedroht ist. Schätzungsweise gibt es noch etwas mehr als 500 Goldkopf-Löwenäffchen, etwa die Hälfte davon in zoologischen Gärten. Doch der Bestand wird immer kleiner. Golden schimmern bei diesem seltenen Krallenäffchen, das zur Ordnung der Primaten gehört, nur Kopf und Nacken, Oberarme und Lenden sowie die Unterseite des Schwanzes. Alle übrigen Körperpartien sind schwarz gefärbt.

Fell schimmert wie pures Gold

Bis auf 200 bis 300 Tiere war die Zahl der **Goldgelben Löwenäffchen** *(Leontopithecus r. rosalia)* in den Regenwäldern an der brasilianischen Küste geschrumpft. Weitaus mehr, um die 500, leben in den zoologischen Gärten rund um den Globus. Dank erfolgreicher Nachzucht sind die Zoos heute in der Lage, Löwenäffchen für die Wiederansiedlung in ihrer ursprünglichen Heimat unweit Rio de Janeiro zur Verfügung zu stellen. Auch der Kölner Tierpark hat bereits zu diesem auf lange Zeit angelegten Projekt beigetragen. Die Goldgelben Löwenäffchen gehören zu den schönsten Bewohnern des Regenwaldes. Fällt Licht auf ihr seidiges Fell, schimmert das Haar in unterschiedlich heller oder dunklerer Tönung wie pures Gold. Löwenäffchen werden etwa 20 bis 30 Zentimeter groß, hinzu kommt der kräftige Schwanz, der eine Länge von mehr als 40 Zentimetern erreichen kann.

Winzling passt in eine Hand

Sie sind die Winzlinge in ihrer Familie, passen bequem in eine Hand. Mit rund 16 Zentimetern Größe sind **Zwergseidenäffchen** *(Cebuella pygmaea)* die kleinsten echten Affen. Sie gehören zur artenreichen Gruppe der Krallenaffen, die an Fingern und Zehen Krallen statt Nägel tragen. Diese helfen ihnen dabei, flink an senkrechten Stämmen hochzuklettern. Die tagaktiven Urwaldbewohner sind durch die rasant fortschreitende Abholzung ihres Lebensraumes stark bedroht.

Zwergseidenäffchen leben in Gruppen von zwei bis 15 Tieren in den Kronen der Bäume im Amazonasgebiet. Nur das ranghöchste Weibchen hat das Recht, Nachwuchs zu bekommen.

Durch Haarpracht zum Namen

Das **Lisztäffchen** *(Saguinus oedipus)* kam durch die scherzhaft gemeinte Bemerkung eines Kölner Zoodirektors zu seinem Namen. Ludwig Heck, Ende des 19. Jahrhunderts Chef des Kölner und dann des Berliner Tierparks, hatte seine lange, weiße Mähne mit der wallenden Haarpracht des ungarischen Komponisten verglichen. Der Vergleich saß, der *Saguinus* aus der Gattung der Krallenaffen war getauft.

Nett und harmlos sehen die Lisztäffchen aus, doch in den Wäldern Kolumbiens bereichern viele Kleintiere, Vögel, Mäuse und Frösche, ihren Speiseplan. Vor allem frühmorgens und nachmittags sind die Tiere zur Nahrungssuche unterwegs, in der heißen Mittagszeit halten sie Siesta. Sobald sich die Gruppenmitglieder aus den Augen verlieren, sorgen zwitschernde Rufe für den akustischen Kontakt.

Lisztäffchen leben in Familien zusammen, die aus einem Elternpaar und seinem Nachwuchs bestehen. Sie sind vom Aussterben bedroht, denn der Bestand in Kolumbien wird auf nur 700 Tiere geschätzt, der in Zoos auf rund das Doppelte.

Vater betreut den Nachwuchs

Mächtige Nachbarn haben die **Braunrückentamarine** *(Saguinus fuscicollis)*, die nur so groß wie Eichhörnchen sind. Gemeinsam mit Gorillas und Orang-Utans bewohnen sie das Urwaldhaus des Kölner Zoos. Tagsüber bewegen sie sich frei in der tropischen Vegetation, abends verkriechen sie sich in ihre Schlafkäfige, in denen sie auch gefüttert werden. Die Braunrückentamarine sind in den Urwäldern der oberen Amazonasregion zu Hause und leben in Familiengruppen. Wie bei anderen Krallenaffen werden die Jungtiere, oft sind es Zwillinge, vom Vater und den älteren Geschwistern betreut. Die Ernährung der Braunrückentamarine ist sehr vielfältig. Neben Früchten, Beeren und Nüssen verspeisen sie Insekten und kleine Tiere.

Die in Südamerika verbreiteten Affen sind dort beliebte Haustiere. Sie gelten als sehr anhänglich, werden gefangen und gezähmt.

Roter Sänger mit fünfter Hand

Sein Name sagt eigentlich alles: Der Brüllaffe *(Alouatta)* ist einer der größten Schreihälse im gesamten Tierreich. Kein anderes Lebewesen ist in der Lage, derartig laute Töne hervorzubringen. Ihre Stimmgewalt verdanken die Brüllaffen einem besonders ausgebildeten Kehlkopf und einem dehnbaren Kehlsack. Das »Brüllen« sind Gesänge, die dazu dienen, andere Horden vom eigenen Revier fern zu halten. Wissenschaftler stellten fest, dass dieses Heulen bis zu fünf Kilometer weit zu hören ist.

Im Kölner Zoo wird der **Rote Brüllaffe** *(Alouatta seniculus)* präsentiert, ein Baumbewohner der tropischen Wälder Mittel- und Südamerikas. Meist leben Brüllaffen in Horden von zehn bis 30 Tieren zusammen. Ihre Haltung in Zoos ist einigermaßen problematisch, da sie ausgewiesene Nahrungsspezialisten sind, die sich von Blättern, Knospen, Blüten, Früchten und Nüssen ernähren. Die roten Sänger sind wie die Klammeraffen mit einem kräftigen Greifschwanz ausgestattet. Mit dieser muskulösen »fünften Hand« halten sie sich an Ästen fest.

Stummelschwanz und rotes Fell

Ein wenig seltsam sieht der **Rote Uakari** *(Cacajao rubicundus)* ja schon aus, fast ein bisschen geisterhaft. Das rot getönte Fell und der kurze weiße Schopf kontrastieren auffällig mit dem rosafarbenen Gesicht. Das besondere Merkmal des Uakaris ist der charakteristische Stummelschwanz, dem er die Bezeichnung Kurzschwanzaffe verdankt. Die Tiere leben in den tropischen Regenwäldern Brasiliens. Ihr dortiger kleiner Bestand wird als sehr gefährdet eingeschätzt.

Lasttier mit Bananenohren

Es hat sich längst herumgesprochen, dass **Lamas** *(Lama g. glama)* spucken. Doch davon einmal abgesehen sind sie außerordentlich nützliche Tiere. Lange bevor die Inkas ihre großen Reiche errichteten, wurden sie in den Bergregionen Südamerikas domestiziert. Seitdem werden sie als Lasttiere und Fleischlieferanten gezüchtet. Lamas gehören wie die mit ihnen eng verwandten Alpakas zur Familie der Kamele, die in der Alten Welt durch Dromedare und Trampeltiere vertreten ist. Die genügsamen Bergbewohner, deren Felle unterschiedliche Farben aufweisen können, stammen von den wild lebenden Guanacos ab. Die Risthöhe der Neuwelt-Kamele liegt bei über einem Meter, markante bananenförmige Ohren krönen den auf einem langen Hals sitzenden Kopf. Alle Angehörigen der Kamel-Familie sind Wiederkäuer. Lamas, die sich problemlos mit Alpakas kreuzen lassen, gehören schon lange zu den klassischen Zootieren.

Zucht nur der Wolle wegen

Genauso lange wie das Lama ist ein anderer Abkömmling der wild lebenden Guanacos den Menschen zu Diensten, das **Alpaka** *(Lama glama pacos)*. Dieser Nachfahre des *Lama guanicoe* wird in erster Linie wegen seines feinen Haarkleids gezüchtet. Bei dreieinhalb bis fünf Kilogramm Wolle jährlich liegt die Ausbeute pro Tier. Alpakas, die kleiner und kompakter sind als Lamas, stammen aus den Hochebenen der mittleren Anden. Sie wiegen zwischen 60 und 70 Kilogramm und werden etwa 20 Jahre alt. Körperhaltung, Schwanz- und Ohrstellung sowie eine Vielzahl von Lauten dienen der Verständigung untereinander. Zwei bis drei Jahre dauert es, bis die Tiere geschlechtsreif sind. Nach einer durchschnittlichen Tragezeit von fast einem Jahr bringt die Stute ein Fohlen zur Welt.

Kleinster Hirsch der Welt

Seinen Namen hat der kurzbeinige Winzling von den indianischen Ureinwohnern Südamerikas erhalten, der **Pudu** *(Pudu pudu)*. Er ist mit 35 bis 38 Zentimetern Schulterhöhe der kleinste Hirsch der Welt. Schaut man genauer hin, so entdeckt man in der Tat Hirschähnliches. Sein Fell schimmert rötlich-braun, der zierliche Kopf wird von zwei kleinen, unverzweigten Geweihspitzen gekrönt. Pudus leben in den Regenwäldern Argentiniens und Chiles, vor Feinden verkriechen sie sich in dichtes Gesträuch. Pudus ernähren sich unter anderem von heruntergefallenen Früchten oder Farnen und können längere Zeit ohne Wasser auskommen. Da Waldrodungen ihren Lebensraum immer weiter einengen, gehören sie zu den gefährdeten Tierarten. Zudem zeigen die sensiblen Hirschchen ein ganz spezielles Phänomen: Wenn sie sich erschrecken, kann dieser Stress eine tödliche Herzattacke auslösen.

Sie schlagen Haken wie die Hasen

Zwar haben sie Ähnlichkeit mit unseren Hasen – die tragen allerdings längere Löffel –, doch verwandt sind die **Großen Maras** *(Dolichotis patagonum)* mit den Meerschweinchen. Wie sie kommt der Mara, auch Pampashase genannt, aus Südamerika. Er ist in den trockenen, heißen Gras- und Buschlandschaften Patagoniens zu Hause. Die hochbeinigen Tiere können ein flottes Tempo vorlegen, wenn Gefahr droht. Dabei schlagen sie Haken wie die Hasen. Lang und kräftig sind die Hinterläufe der Maras, deren Füße hinten drei und an den Vorderläufen vier Zehen haben.

Sie legen unterirdische Höhlen an, in denen sie auch ihre Jungen großziehen. Die bis zu 70 Zentimeter langen Rudeltiere sind tagsüber munter, nachts verkriechen sie sich zum Schlafen in ihre Behausungen. Nach einer Tragezeit von rund 90 Tagen bringt das Weibchen bis zu drei Junge zur Welt, die nach rund elf Wochen auf eigenen Beinen durch die argentinische Pampas hoppeln.

Eine Mähne zum Aufstellen

Finstere Geschichten ranken sich in Brasilien um den **Mähnenwolf** *(Chrysocyon brachyurus)*. Sein Blick könne ein Huhn töten, denken die einfachen Leute, und Stücke seines Körpers hätten Zauberkraft. Die hochbeinigen Tiere aus der Familie der Hunde leben in den Steppengebieten Südamerikas. Im Rot ihres Fells ähneln sie eher einem Fuchs als einem Wolf. Seinen Namen erhielt der nächtliche Jäger aufgrund seiner wolfsähnlichen Größe und eines Büschels von Rückenhaaren, die Mähne, die er aufstellen kann.

Die Bauern jagen den Mähnenwolf, da er auch Nutztieren bis zur Größe eines Lamms nachstellt. Zudem sind die Tiere anfällig für eine Reihe von Krankheiten, so dass ihnen in weiten Teilen ihres Verbreitungsgebietes das Aussterben droht. Mähnenwölfe ernähren sich von Kleinsäugern, Vögeln und einer Vielzahl von Früchten, am häufigsten denen eines Nachtschattengewächses, das in Südamerika Wolfsfrucht genannt wird. Trotz ihrer langen Beine sind sie keine sonderlich schnellen Läufer, charakteristisch sind ihre Sprünge.

Blätter düngen den Nahrungspilz

Die Emsigkeit der Ameisen ist geradezu sprichwörtlich, auch weiß man, dass sie das Mehrfache ihres Körpergewichts transportieren können. Eine ganz besondere Fähigkeit besitzt die **Blattschneiderameise** *(Acromyrmex spec.)*, die in Mittel- und Südamerika zu finden ist. Sie schneidet mit ihren scharfen Beißzangen Ecken aus Blüten und Blättern, die einen Durchmesser von mehr als einem Zentimeter haben. Diese Stücke schleppen die winzigen Tiere dann hochkant wie ein Banner in ihren Bau.

Allerdings verspeist die Blattschneiderameise dieses Grün nicht unmittelbar, vielmehr werden die Blätter im Bau gesammelt und mit Hilfe eines Sekrets zur Düngung einer Pilzkultur verwendet (Foto unten), die dann Ameisen und Larven als Nahrung dient.

Die Organisationsform der Blattschneiderameisen entspricht der eines Bienenvolks. Königin, Arbeiterinnen und Soldaten sind für feste Aufgaben eingeteilt. Selbst eine Art von Müllabfuhr ist eingerichtet, die sämtlichen Abfall so weit von der Pilzkultur entfernt deponiert, dass schädliche Gase ihr nichts anhaben können. Durch das großflächige »Abernten« von Feldern werden die fleißigen Tierchen in ihrer Heimat häufig als Pflanzenschädlinge verfolgt.

Tod nach der Fortpflanzung

Das Dasein eines prächtigen bunten Schmetterlings ist leider nur sehr kurz, denn das Lebewesen, dessen finale Form er darstellt, verbringt den größten Teil seiner Existenz als Raupe und Puppe. Die einzige Aufgabe des schwerelos schwebenden Wesens besteht darin, die Erhaltung der Art sicherzustellen, nach der Fortpflanzung kommt sehr rasch sein Ende.

Eine besonders schöne Art ist der südamerikanische **Passionsblumenfalter** *(Heliconius melpomene)*, der in zwei bis drei Metern Höhe zwischen den Pflanzen umhergaukelt. Um die Nachkommen davor zu schützen, dass sie von Vögeln gefressen werden, sind die Larven mit Dornenhaaren gespickt. Die Puppen der sieben Zentimeter großen Passionsblumenfalter hängen kopfüber an Ästen, an denen sie mit Gespinstfäden befestigt sind.

Juckende Haare gegen Feinde

Spinnen zählen nicht gerade zu des Menschen liebsten Tieren, nicht einmal die kleinen Arten unserer Breiten, die als Insektenfänger durchaus nützlich sind. Der üble Ruf, höchst gefährlich zu sein, hängt insbesondere den Vogelspinnen (aus der Gattung *Grammostula*) an. Doch in Wahrheit besitzt keine der rund 600 Arten ein Gift, das dem Menschen gefährlich werden könnte. Etliche Vogelspinnen, die in Südamerika ihre Heimat haben, setzen eine völlig andere Waffe gegen ihre Feinde ein. Sie streifen die Brennhaare ihres Hinterleibs ab und schleudern sie dem Angreifer entgegen. Das Ergebnis ist ein unangenehmer Juckreiz, der verstärkt an Schleimhäuten auftritt.

Zur Unterordnung der Vogelspinnen gehört die prachtvolle *Brachypelma spec.*, die auch unter der deutschen Bezeichnung **Rotbeinvogelspinne** bekannt ist. Ihre Zeichnung ist auffällig und ausgeprägt, insbesondere die der acht Beine mit ihren abwechselnd schwarzen und sandbraunen Ringen. Rotbeinvogelspinnen kommen in einzelnen Landstrichen von Mexiko bis Panama vor.

Die bis zu neun Zentimeter großen Tiere leben in tiefen Bodenhöhlen und gehen bei Anbruch der Dunkelheit auf Jagd. Ihre Beute in der Natur und ihre Nahrung im Terrarium sind Insekten und kleine Nagetiere.

Spinne mit spitzen Dornen

Sehr unterschiedliche Lebewesen fliegen, krabbeln, schwimmen oder kriechen durch die Becken, Terrarien und Vitrinen im Aquarium des Zoos. Ihren Platz im Insektarium hat die **Riesengeißelspinne** *(Acantophrynus coronatus)*, von der bis heute 60 verschiedene Arten bekannt sind. Der Körper, vorn eher rundlich, hinten oval, wird von zwei überdimensionalen Mundwerkzeugen (Pedipalpen) gekrönt, aus denen lange, spitze Dornen ragen. Aufeinander zubewegt bilden sie eine perfekte Fangvorrichtung. Das erste der vier Beinpaare ist zu einer sensiblen Fühlergeißel ausgebildet. Geißelspinnen kommen nur in den Tropen und Subtropen vor. Häufig leben sie in Höhlen oder Spalten, werden erst im Licht des Mondes munter.

Platt und rund wie ein Diskus

Ihren Namen erhielten sie nicht von ungefähr. Platt und rund wie ein Diskus sind diese Fische mit der auffällig blauen Körperumrandung. Der **Diskusfisch** *(Symphysodon spec.)* ist wie der Piranha im Amazonasgebiet zu Hause. Sowohl in seinem eigentlichen Lebensraum wie auch im Aquarium kümmert er sich wie kein anderer um den Nachwuchs. Nicht nur, dass er Laich und Jungfische mit Argusaugen bewacht, er füttert seine Jungen anfänglich auch mit einem Eiweißsekret, das vom Körper der Eltern abgesondert wird. Hinsichtlich seiner Ernährung ist der Diskusfisch nicht sonderlich wählerisch, er frisst lebendes Futter der unterschiedlichsten Art.

Farbenfroh, aber giftig

Sie sind farbenfroh und sehen auf den ersten Blick gar nicht gefährlich aus. Doch nicht von ungefähr tragen diese bunten Tierchen den Namen **Pfeilgiftfrösche**. Die winzigen Amphibien, die im tropischen Südamerika beheimatet sind, verfügen über ein Hautgift, das sie vor vielen Feinden schützt, nur nicht vor dem Menschen. Die Indianer töten sie, um aus dem Hautsekret das wirksame Gift zu gewinnen, mit dem sie bereits seit Generationen die Spitzen ihrer Blasrohrpfeile für die Jagd präparieren. Die auch als Färberfrösche bezeichneten Vertreter dieser Gruppe, die hier versammelt sind, tragen ziemlich kuriose Namen: **Gestreifter Blattsteiger** *(Phyllobates vittatus)*, **Schrecklicher Giftfrosch** *(P. terribilis)*, **Dreistreifen-Blattsteiger** *(P. tricolor)*, **Goldbaumsteiger** *(Dendrobates auratus)* oder **Färberfrosch** *(D. tinctorius)*.

Für den Nachwuchs der Pfeilgiftfrösche sind häufig nicht die Weibchen, sondern die Männchen zuständig. Sie pflegen den auf Blättern abgelegten Laich und tragen die Kaulquappen nach dem Schlüpfen auf dem Rücken zum nächsten erreichbaren Tümpel. Die Frösche, die zwei bis sechs Zentimeter lang werden, leben von kleinen Insekten, Maden, Ameisen und Raupen.

Schrecklicher Giftfrosch

Gestreifter Blattsteiger

Goldbaumsteiger

Dreistreifen-Blattsteiger

Färberfrosch

Wie Geschöpfe aus fernen Zeiten

Sie sehen aus wie Geschöpfe aus längst vergangenen Zeiten, deren Verwandte als blutrünstige Ungeheuer im »Jurassic Park« computergesteuert über die Leinwand stapfen. Doch die wie Urtiere anmutenden **Nashornleguane** *(Cyclura cornuta)* sind keineswegs direkte Nachfahren der Saurier, sondern gehören einer wesentlich jüngeren Reptiliengruppe *(Hispanida)* an.

Die Nashornleguane sitzen sozusagen im Schaufenster des Zoologischen Gartens Köln, in einer kargen, aber ihrem natürlichen Lebensraum entsprechenden Umgebung unmittelbar am Eingang. Die vom Aussterben bedrohten Tiere gelangten in den Zoo, als sie vor knapp zehn Jahren beim Versuch des illegalen Imports beschlagnahmt und in Köln untergebracht wurden.

Die schwarzbraun gefärbten Leguane, denen Höcker oberhalb der Nasenlöcher den Namen gaben, werden bis zu 120 Zentimeter lang. Sie sind mit kurzen, kräftigen Krallen sowie scharfen Zähnen ausgestattet und ernähren sich von Pflanzen und Beutetieren unterschiedlichster Art.

Im Wasser pfeilschnell

Das Klima-Phänomen »El Niño« hat vor rund 20 Jahren auch den **Humboldtpinguinen** *(Spheniscus humboldti)* gehörig zugesetzt. Rund 65 Prozent der peruanischen Population kam ums Leben. Die flugunfähigen Vögel sind an den Meeresküsten von Chile und Peru beheimatet. Der dort vorbeifließende Humboldtstrom gab ihnen ihren Namen. Ihre Eier legen die Pinguine hauptsächlich in Felsgrotten, nachdem der Guanoabbau ihnen die ursprünglichen Nistplätze genommen hat. Nicht zuletzt deshalb gilt ihr Bestand als bedroht.

Obwohl die watschelnden Tiere an Land ausgesprochen unbeholfen wirken, sind sie hervorragende Schwimmer. Der spindelförmige Körper und das dichte, kurze Gefieder bieten dem Wasser kaum Widerstand, während die Pinguine ihre Stummelflügel als Flossen benutzen und pfeilschnell durchs Wasser schießen. Um der brennenden Tropensonne zu entgehen, halten sich Humboldtpinguine tagsüber meist im Meer auf, an Land sind sie überwiegend nachts aktiv. Die rund 65 Zentimeter großen und gut zwei Kilogramm schweren Vögel ernähren sich von Fischen, Tintenfischen und Krebsen.

Schnabel färbt sich zur Paarung

Zur Familie der Pfeifgänse, die oft laut pfeifend über Felder und Wiesen fliegen, gehören diese auffälligen Vögel, die **Herbstpfeifgänse** *(Dendrocygna autumnalis)*. Ihre südliche Unterart findet sich sehr häufig im Norden Südamerikas, während die etwas größere Nordvariante sich von Mexiko bis in die Südstaaten der USA ausgebreitet hat. Herbstpfeifgänse leben an flachen Seen, in Lagunensümpfen oder an Gewässern, die künstlich angelegt wurden. Während die Populationen der Regenwälder ihr angestammtes Gebiet das ganze Jahr über nicht verlassen, sind die Bewohner der südlichsten und nördlichsten Verbreitungsgebiete ausgesprochene Zugvögel, die sich zu großen Schwärmen zusammenfinden wie zum Beispiel in Venezuela, Costa Rica und Kolumbien beziehungsweise in Texas. Im April kehren die im Norden lebenden Gänse zu ihren Brutgewässern im US-Staat Texas zurück. Sie legen ihre Eier in Baumhöhlen oder Nistkästen ab. Gibt es derer zu wenige, nutzen mehrere Herbstpfeifgänse einen gemeinsamen Unterschlupf. Bei Tieren, die fortpflanzungsaktiv sind, färbt sich der Schnabel karminrot. Beide Partner bebrüten im Wechsel das Gelege und kümmern sich auch gemeinsam um die Küken.

Blutsaft für den Nachwuchs

Mit rund einer halben Million Tieren ist der **Chileflamingo** *(Phoenicopterus chilensis)* die häufigste Flamingoart Südamerikas. Sie lebt in großflächigen Salzlagunen der Anden-Hochtäler, in der argentinischen Grasssteppe und den Flussdeltas an der Küste. Zwar werden die Chileflamingos von den Einheimischen gejagt und häufig ihrer Eier beraubt, doch bis jetzt scheint die Anzahl der Jungtiere diesen Verlust auszugleichen.

Verglichen mit dem Rosa- und Roten Flamingo wirkt ihr chilenischer Verwandter eher blass. Nur leicht getönt ist das Gefieder, die langen Beine sind grau. Chileflamingos gelten als ausgesprochen widerstandsfähige Vögel, die Kälte gewöhnt sind und sich auch in unseren Breiten heimisch fühlen.

Im Kölner Zoo sorgen die Flamingos regelmäßig für Nachwuchs. Anfänglich sehen die silbergrauen Jungvögel wie Schwanenküken aus, erst nach und nach streckt sich der Hals. Vater und Mutter füttern ihren Junior mit einem dünnflüssigen roten Blutsaft, der so genannten Kropfmilch.

Gefährdet durch das Gefieder

Sein prächtiges Gefieder und sein Fleisch sind für den **Roten Sichler** *(Eudocimus ruber)*, auch **Scharlachibis** genannt, eine stete Gefahr. In seiner Heimat, die von Brasilien bis nach Venezuela reicht, wird er von den Einheimischen bedenkenlos gejagt. Kein Wunder also, dass der schöne Vogel in vielen Teilen Südamerikas stark bedroht ist.

Der Rote Sichler gehört zur Familie der Sichler und Löffler *(Threskiornithidae)*, in der 28 Arten zusammengefasst sind. Kennzeichnend für den Sichler ist der lange, gekrümmte Schnabel im Gegensatz zum eher flachen des Löfflers. Der Rote Sichler brütet in großen Kolonien in den Mangrovensümpfen Südamerikas, allerdings hat sich die Zahl der Tiere in den vergangenen Jahrzehnten sichtbar reduziert.

Afrika

Teile Arabiens

Madagaskar

Äthiopische Region

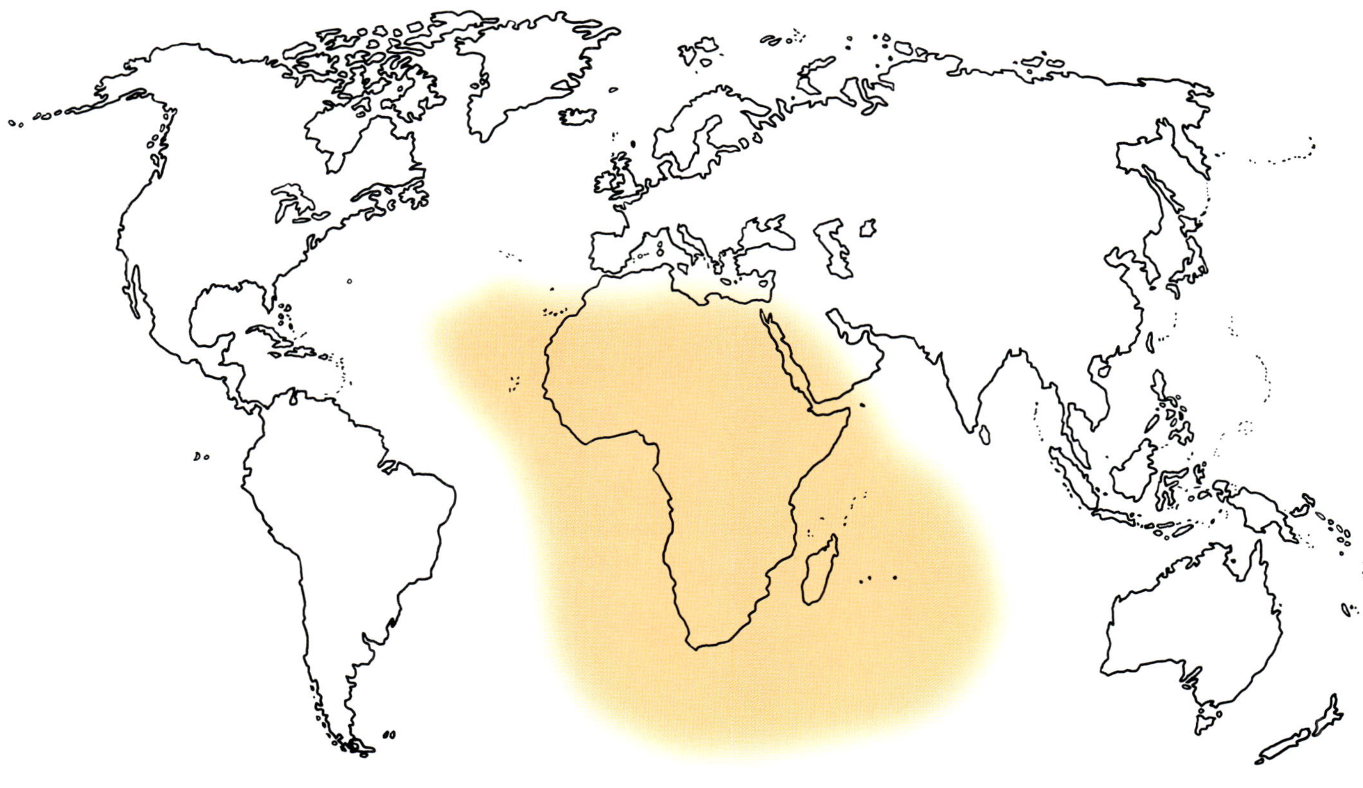

Afrika – das Königreich des Löwen

Der Klang eines Namens faszinierte Schatzsucher und Großwildjäger, Farmer und Eroberer: Afrika. Das Königreich des Löwen, das Land des Elfenbeins und der Sklaven – es gab Dutzende von Gründen, die Europas Herrscher veranlassten, Soldaten loszuschicken, und Abenteurer aus aller Herren Ländern in Savanne und Urwald lockten. Die meisten von ihnen hatten nie etwas anderes im Sinn, als den Kontinent seiner Schätze zu berauben, Trophäen zu jagen und die Ureinwohner zu unterjochen. Aus Sicht der Zoologen ging mit dieser Eroberung ein nicht umkehrbarer Prozess einher, die Vernichtung oder gefährliche Dezimierung kompletter Tierbestände.

Die Vogelwelt hatte im 19. Jahrhundert die Grundlage für die Einteilung der Erde in sechs tiergeografische Regionen geliefert, doch später stellte sich heraus, dass dieses Schema durchaus allen Arten gerecht wurde. So auch Afrika als Äthiopischer Region, die den gesamten Schwarzen Kontinent bis auf einen schmalen Streifen am Mittelmeer umfasst. Hinzu gehört außerdem ein kleines Stück Arabiens. Die Äthiopis wird sowohl hinsichtlich der Anzahl wie auch der Mannigfaltigkeit der Tiere von keiner anderen Region übertroffen. Vom Golf von Guinea bis hin zu den Hochebenen Ostafrikas erstreckt sich Afrikas tropischer Regenwald, ein heißer, oft feindlicher Lebensraum mit hoher Luftfeuchtigkeit. Im Norden und Süden schließen sich die weiten, grasbewachsenen Flächen der Savanne an. Hier sammeln sich die größten Herden von Pflanzenfressern der Welt, die wiederum den Raubtieren, Löwen, Geparden und Hyänen, zur Beute dienen. Deren Jagdweise hätte nie eine Tierart existenziell in Bedrängnis gebracht, dies ist allein das Resultat eines sinnlosen Abschlachtens, des Elefanten wegen seines Elfenbeins und des Nashorns wegen seines Horns.

Allein die Einrichtung von Schutzzonen, strenge Kontrollen und Auflagen sowie internationales Engagement verhinderten in manchen Fällen das Schlimmste. Trotzdem sind viele Arten nach wie vor bedroht oder extrem gefährdet wie etwa Gorillas, Bonobos, Nashörner und nicht zuletzt die nur auf Madagaskar lebenden Lemuren. Inzwischen ist den zoologischen Gärten die Aufgabe zugefallen, den Bestand einzelner Arten zu sichern.

Gepard
(Acinonyx jubatus)

Beute wird im Sprint gemacht

Er ist flinker als eine Gazelle und dreimal so schnell wie der Mensch. Auf kurzen Distanzen erreicht der **Gepard** *(Acinonyx jubatus)* eine Spitzengeschwindigkeit von 120 Kilometern in der Stunde, während es ein durchtrainierter Athlet gerade mal auf deren 40 bringt. Scharfe Krallen, das extrem biegsame Rückgrat und ein großes Lungenvolumen ermöglichen diese Höchstleistung. Seine Sprinter-Qualitäten machen den hochbeinigen Savannen-Bewohner zum geschickten Jäger, der allerdings nicht sehr ausdauernd ist. Oft entreißen ihm stärkere Räuber wie Löwen, Leoparden oder Hyänen die Beute. Sie töten auch einen erheblichen Teil des Geparden-Nachwuchses.

Geparde erreichen eine Körperlänge von bis zu anderthalb Metern und wiegen zwischen 35 und 70 Kilogramm. Die Männchen leben in kleinen Gruppen oder als Einzelgänger, die Weibchen sind mit ihren Jungen allein unterwegs.

Eine 2000 Quadratmeter große Freianlage, ihrem afrikanischen Lebensraum nachempfunden, bietet den gefleckten Katzen, die wegen ihres Fells geschossen und in früheren Jahrhunderten zu Jagdhelfern oder Statussymbolen gezähmt wurden, im Kölner Zoo optimale Bedingungen. Für die kalte Jahreszeit sind ihre Liegeplätze sogar mit Heizplatten ausgestattet.

Nur die Männchen machen Eindruck

Die **Weißnackenmoorantilope** *(Kobus megaceros)* lebt in den südlichen Regionen des Sudans und Südwestäthiopiens. Böcke und Weibchen scheinen auf den ersten Blick verschiedenen Arten anzugehören. Die auffälligen Männchen sind mit einem beeindruckenden geschwungenen Gehörn ausgestattet. Ihr schwarzbraunes Fell trägt im Nackenbereich eine weiße Zeichnung, die zur Namensgebung führte. Deutlich kleiner und unscheinbarer sind die Weibchen, gelb bis kastanienbraun gefärbt und ohne jeglichen Kopfschmuck. Die männlichen Jungtiere ähneln anfänglich ihren Müttern. Erst im Alter von zwei oder drei Jahren erhalten die dann nahezu erwachsenen Böcke ihre dunkle Färbung.

Zartes Weibchen, imposanter Bock

Zu den schönsten Erscheinungen unter den afrikanischen Huftieren gehört zweifellos die zu den Waldböcken gerechnete **Westliche Sitatunga-Antilope** *(Tragelaphus spekei gratus)*. Der Körperbau des Weibchens ist zart und elegant, die kräftigen Böcke mit ihrem leierförmig gedrehten Gehörn wirken imposant und wehrhaft. Die Sitatunga gehört zur Familie der Boviden, in der Rinder, Gazellen, Antilopen, Ziegen und Schafe zusammengefasst sind.

Das Männchen des nicht sonderlich spezialisierten Pflanzenfressers wird bis zu 130, das Weibchen 40 bis 85 Kilogramm schwer. Nach einer Tragezeit von 240 bis 250 Tagen bringt es ein Junges zu Welt, das drei bis vier Monate gesäugt wird.

Giraffe mit kurzem Hals

Auf dem Speiseplan der Pygmäen hatte das **Okapi** *(Okapia johnstoni)* schon seit langer Zeit gestanden, doch Forscher entdeckten es erst Anfang des 20. Jahrhunderts. Aufgrund der Zeichnung an Vorder- und Hinterbeinen dachte die Wissenschaft, eine neue Zebraart entdeckt zu haben. Doch weit gefehlt, das Okapi ist der einzige noch lebende Verwandte der langhalsigen Giraffe der offenen Ebenen. Beheimatet ist das grazile Geschöpf in wenigen Gebieten des Kongo. Die männliche Waldgiraffe trägt wie ihre großen Verwandten kurze Hörner. Allerdings bestehen sie nicht aus Horn, sondern sind fellüberzogene Knochenzapfen. Das Okapi wird im Schnitt zwei Meter lang und um die 230 Kilogramm schwer. Besonders auffällig sind der um 180 Grad drehbare Hals sowie die außergewöhnlich lange Zunge, die das Abrupfen von Blättern erleichtert.

Schädel wird als Keule benutzt

Ihr langer Hals bringt einen erheblichen Vorteil. Während des gesamten Jahres erreicht die Giraffe in luftiger Höhe die grünen Blätter vieler Bäume, insbesondere der Schirmakazie, von denen sie sich ernährt. Diese regelmäßigen Mahlzeiten ermöglichen ihr eine ganzjährige Fortpflanzung – im Gegensatz zu all jenen Wiederkäuern, die auf Gras oder bodennahe Pflanzen angewiesen sind. Viereinhalb bis sechs Meter ragen die Männchen dieser eindrucksvollen Art in die Höhe. Mit nur gut vier Metern sind die Weibchen deutlich kleiner.

Giraffen kommen südlich der Sahara in acht Unterarten vor, die sich in erster Linie durch die Zeichnung des Fells unterscheiden. Im Kölner Zoo ist die **Netzgiraffe** *(Giraffa camelopardalis reticulata)* zu sehen.

Wie bei fast allen anderen Säugetieren wird der extrem lange Hals von sieben Halswirbeln gebildet, die entsprechend verlängert sind. Bis zu fünf fellbedeckte Knochenzapfen zieren die Köpfe von Männchen und Weibchen. Zwar sind Giraffen in aller Regel friedliche Tiere, die in kleinen Gruppen umherziehen, manchmal jedoch rangeln die Bullen um ein paarungsbereites Weibchen. Dabei setzen sie Hals und Schädel als Schlagwaffen ein, schwingen beide wie eine Keule in Richtung Nebenbuhler.

Wie viele gut genährte Huftiere, die auf freien Flächen leben, bringen die Giraffen großen Nachwuchs zur Welt, der bei der Geburt bereits weit entwickelt ist. Giraffenkälber werden nach einer Tragezeit von 14 Monaten im Stehen geboren. Das bis zu zwei Meter große und zwischen 50 und 70 Kilogramm schwere Jungtier plumpst aus rund zwei Metern Höhe auf den Boden.

Keines sieht aus wie das andere, denn jedes Zebra hat sein höchst individuelles Streifenmuster. Schätzungsweise eine halbe Million dieser Steppenzebras leben heutzutage in den Savannen Afrikas südlich der Sahara bis hinunter nach Südafrika. Das **Grévyzebra** *(Equus grévyi)*, in Kenia und Äthiopien beheimatet, zählt höchstens noch 5000 Exemplare. Es unterscheidet sich vom Steppenzebra durch eine engere Streifung und größere Ohren, die denen eines Esels ähneln. Auf der Suche nach Futter legt der Grasfresser jeden Tag eine ganze Menge Kilometer zurück. Im Galopp erreicht das Zebra auf kurzen Distanzen eine Geschwindigkeit von rund 60 Kilometern pro Stunde, oft schnell genug, um hungrigen Löwen oder Geparden zu entwischen. Wirkungsvolle Waffen gegen Angreifer sind seine harten hörnernen Hufe. Sie setzt das Zebra auch bei Kämpfen mit Artgenossen ein, wenn der Status ausgefochten wird.

Zebras, die sich bei ihren Wanderungen zu gewaltigen Herden zusammenschließen, bilden darin klar erkennbare Familien von bis zu 15 Tieren. Der Hengst hat etliche Stuten sowie deren Nachwuchs um sich versammelt. Daneben gibt es Gruppen von Hengsten, die noch keine Leittier-Qualität besitzen. Zebras erreichen eine Länge von 240 Zentimetern bei einer Schulterhöhe von bis zu 135 Zentimetern. Mit viel Glück werden sie 25 Jahre alt.

Individuelles Streifenmuster

Das Märchen von der Potenz

Der Irrglaube ist nicht auszurotten, dass die Einnahme von pulverisiertem Horn des Nashorns die Potenz steigere. Dabei ist das darin enthaltene Keratin nichts anderes als der Stoff, aus dem Nägel und Haare des Menschen bestehen. Das Ammenmärchen bedeutete allerdings das Todesurteil für Tausende dieser mächtigen Tiere: Nur um an das begehrte Horn zu gelangen, schossen afrikanische Wilderer in nur 25 Jahren rund 97 Prozent des Bestandes ab.

Spitzmaulnashörner *(Diceros bicornis)* halten sich mit Vorliebe in Gebieten mit dichtem Dornengestrüpp auf, ihrer bevorzugten Nahrung. Sie sind meist friedliche Einzelgänger, die rund um Wasserstellen ab und zu lockere Verbände bilden. Nur ein Freund ist ihnen lebenslang treu, der Madenhacker. Der kleine Vogel befreit nicht nur die Haut des Nashorns von Parasiten, er hält auch Wache, wenn es schläft oder döst.

Ein ganz spezielles Handikap des Nashorns, das selten auf seine Artgenossen losgeht, ist seine Kurzsichtigkeit. Sie führt dazu, dass es – nicht immer als solche erkennbare – Scheinangriffe startet, ganz gleich, ob auf Auto, Elefant oder Mensch.

Eine enge Beziehung besteht zwischen einem Weibchen und seinem Jungen, das nach einer Tragezeit von 460 Tagen hornlos zur Welt kommt.

Flinker Vogel auf langen Beinen

Hartnäckig hält sich die Mär vom ängstlichen Vogel Strauß *(Struthio camelus)*, der bei der geringsten Gefahr den Kopf in den Sand steckt. Weit gefehlt. Wenn ein Räuber ihre Jungen bedroht, greift die Straußenmutter sogar zu einer List, um ihn auszutricksen. Wie eine kranke Henne hüpft sie mit hängenden Flügeln vor ihm her, bis er sie verfolgt. Dann rennt das Weibchen plötzlich los, meist stellt der irritierte Räuber daraufhin die Jagd ein. Ein eisenharter Nagel an der Innenzehe der Strauße wird notfalls zur wirkungsvollen Waffe.

Das Fliegen hat der Strauß schon vor langer Zeit verlernt, stattdessen ist er ganz schön flink auf den langen, kräftigen Beinen. Muss er fliehen, schafft er ein Spitzentempo von 70 Kilometern in der Stunde. Von Kopf bis Fuß misst der Strauß über 2,50 Meter, nicht zuletzt dank seines langen Halses, des längsten aller Vögel. Seine Größe im Verbund mit scharfen Augen lässt den Strauß sowohl Futter wie auch Feinde auf weite Entfernung erspähen. Der größte heute lebende Vogel kann bis zu 150 Kilogramm wiegen. Die in Gruppen lebenden Laufspezialisten werden rund 30 Jahre alt, in Zoos kommen sie sogar auf sieben Jahrzehnte.

Die Wissenschaft unterscheidet vier Unterarten des Straußes, die sich in Färbung und Körpergröße unterscheiden. Im Kölner Zoo lebt der in Ostafrika heimische **Massai-Strauß** *(Struthio camelus massaicus)*.

Putzige Kerlchen mit Biss

Possierlich sehen sie aus, die **Erdmännchen** *(Suricata suricatta)*, so als ob sie kein Wässerchen trüben könnten. Doch die putzigen, knopfäugigen Kerlchen sind flinke, kleine Raubtiere, die gemeinsam selbst eine Kobra angreifen und sie mit ihren langen, spitzen Eckzähnen töten. Auf dem Speiseplan der in Südafrika lebenden Surikaten, wie sie auch genannt werden, stehen überwiegend Insekten und deren Larven, manchmal auch Skorpione, Vögel und kleine Wirbeltiere.

Allerdings müssen auch die mutigen Erdmännchen vor Angreifern auf der Hut sein. Deshalb hält eines von ihnen stets Wache, wenn die anderen auf Nahrungssuche sind oder sich von der Sonne wärmen lassen. Hochgereckt auf den Hinterfüßen späht der Posten nach Greifvögeln oder anderen Feinden, zum Beispiel Schakalen. Bei Gefahr scheucht ein durchdringender Pfiff die gesamte Gruppe in ihren unterirdischen Bau. Diese bis zu zwei Meter tiefe Behausung ist mit Dutzenden von Eingangsöffnungen zur raschen Flucht ausgestattet.

Die um 30 Zentimeter großen Erdmännchen leben sehr harmonisch in Verbänden von zehn bis 30 Tieren zusammen. Auch die Betreuung des Nachwuchses ist Familiensache. Geht die Mutter, die ihre Jungen nach einer Tragezeit von etwa elf Wochen zur Welt gebracht hat, auf Nahrungssuche, kümmert sich die Verwandtschaft um die Kleinen.

Futter sorgt für die Farbe

Sie sind immer eine Augenweide, die hochbeinigen **Rosaflamingos** *(Phoenicopterus r. roseus)*, die sich im Wasser ihres Weihers spiegeln. Ein noch beeindruckenderes Schauspiel bieten Flamingos natürlich in den alkalischen Seen des Ost- und des Zentralafrikanischen Grabens, wo sie am zahlreichsten vertreten sind. Dort ernähren sie sich von Algen, Krebsen, Larven und Würmern. Im Wasser und an den Ufern des Flamingoweihers im Kölner Zoo leben Rosaflamingos aus Südwesteuropa, Afrika und Südasien zusammen mit chilenischen Flamingos aus der Neuen Welt. Die verschiedenen Rosa- und Rottöne des Gefieders werden im Tierpark nur dann sichtbar, wenn dem Futter Karotinoide beigemischt werden. Flamingos produzieren den Farbstoff nicht selbst, sondern nehmen ihn in der Natur mit der Nahrung auf, zum Beispiel durch winzige Krebstierchen.

Bei der Ernährung nicht wählerisch

Alfred Brehm bezeichnete sie in der ersten Ausgabe seines *Illustrirten Thierlebens* als »die häßlichsten aller Störche«, dennoch erfreuen sich die Marabus in fast allen zoologischen Gärten der Welt großer Beliebtheit. Drei Arten bilden die Gattung des *Leptoptilos,* der Große *(L. dubius)* und der Kleine *(L. javanicus)* Adjutant, beide in Asien beheimatet, sowie der afrikanische **Marabu** *(L. crumeniferus).* Im Kölner Zoo hat letzterer bereits seit 1868 seinen festen Platz und wird mit Erfolg nachgezüchtet.

Hinsichtlich seiner Ernährung ist der Marabu nicht sonderlich wählerisch. In freier Wildbahn streitet er sich oft mit Geiern und Hyänen um die besten Stücke frisch getöteter Beutetiere. Auf seinem Speiseplan stehen auch Termiten oder Aas. In der Nähe von Städten oder Dörfern tummeln sich die Vögel sogar auf Müllplätzen.

Zur Brutzeit versammeln sich die Marabus in Kolonien und bauen auf Bäumen oder Felsen in bis zu 40 Metern Höhe ihre Nester. Rund einen Monat nach der Eiablage picken etwa drei bis vier Junge (kleines Foto) ihre Schalen auf. Marabus werden bis zu 152 Zentimeter groß. Ihre Flügelspannweite kann stattliche 290 Zentimeter erreichen.

Glücksbringer dreht Mistkugeln

Als Glücksbringer galt im alten Ägypten der **Scarabäus** *(Scarabaeus spec.),* der bei uns schlicht und einfach **Pillendreher** genannt wird. Der fleißige kleine Käfer, der unter tropischer und subtropischer Sonne in großer Zahl verbreitet ist, rollt aus Pferde-, Esel- und Kamelmist kleine Kugeln, die er an geeigneten Stellen bis zu 40 Zentimeter tief vergräbt. In die bei diesem Vorgang birnenförmig verformte Masse platziert das Weibchen ein Ei. Durch die Fäulniswärme wird die Mistkugel erst einmal zum »Brutapparat« für den Scarabäus-Nachwuchs. Später dient sie der geschlüpften Larve als Nahrungsvorrat, bis diese sich aus ihr herausfrisst und an die Erdoberfläche gräbt. Sechs bis neun Kugeln schafft ein Pillendreherweibchen in seinem kurzen Leben, das auf vier bis fünf Monate begrenzt ist.

Baumstamm mit spitzen Zähnen

Reglos wie verrottete Baumstämme liegen sie im flachen Wasser. Doch der Schein trügt, Krokodile, an Land eher schwerfällig, sind im Wasser ungemein flink und wendig. Die Schläge des langen, seitlich stark zusammengepressten Schwanzes sorgen für ein gehöriges Tempo – und sind ganz schön gefährlich. Unter den Panzerechsen, im Aquarium des Kölner Zoos lebt das **Nilkrokodil** *(Crocodylus niloticus)*, finden sich die größten Reptilien der Erde. Es gibt Krokodile, die bis zu zehn Metern lang und etliche Zentner schwer sind.

Gegen die kräftigen Kiefer mit spitzen Zähnen haben die Beutetiere keine Chance. Säugetiere, Fische und Vögel stehen auf dem Speiseplan der Panzerechsen, denen schon manch ein leichtsinniger Mensch zum Opfer gefallen ist. Alle Krokodile leben im Süßwasser tropischer Kontinente, bis auf eine Art, die im Brackwasser der Küsten oder im Meer zu finden ist. Für das amphibische Leben sind sie bestens ausgerüstet. Augen und Nasenlöcher sitzen oben auf dem keilförmigen Schädel. So ragen sie über den Wasserspiegel, wenn der Räuber regungslos im Wasser dümpelt.

Zur Eiablage begibt sich das Nilkrokodil an Land und vergräbt sein Gelege außerhalb der Hochwasserzone im Sand. Meldet sich der Nachwuchs, scharrt die Mutter die Eier wieder frei, so dass das Junge schlüpfen kann (Fotos rechts).

Koloss wandert unter Wasser

Unberechenbar und gefährlich sind die scheinbar plump im Wasser paddelnden **Flusspferde** *(Hippopotamus amphibius)*, wenn jemand ihre Kreise stört und auch dann, wenn die Kolosse nachts an Land gehen, um zu grasen. Bis zu 40 Kilogramm Futter nehmen sie während ihrer kilometerweiten Wanderungen zu sich. Tagsüber suhlen sie sich im Schlamm oder dösen im Wasser. Nur Nasenlöcher, Augen und Ohren sind zu sehen. Wenn Flusspferde auf dem Grund des Flusses laufen, verschließen sie die Nasenöffnungen, müssen aber nach maximal einer Viertelstunde auftauchen, um zu atmen.

Die durchschnittlich 3,40 Meter langen und bis zu drei Tonnen schweren Flusspferde sind die größten Süßwassersäugetiere der Erde. Trotz ihres Namens sind sie nicht mit den Pferden, sondern mit den Schweinen verwandt.

Flusspferd-Herden leben in den Strom- und Seengebieten südlich der Sahara. Nach acht Monaten Tragezeit kommen die Jungen unter Wasser zur Welt. Gleich nach der Geburt hebt ihre Mutter den 30 bis 40 Kilogramm schweren Nachwuchs an die Oberfläche, damit er atmen kann.

Das Becken der Schwergewichte im Kölner Zoo ist trotz täglichen Wasserwechsels stets verschmutzt, weil der Bulle wie in der freien Natur sein Revier ständig mit Kot markiert.

Opfer zum Paket verschnürt

Ein gefährliches, kreisrundes Netz webt die **Seidenspinne** *(Nephila spec.)* zwischen Baumstämmen und -ästen. In dem mehr als einen Meter messenden, kreisrunden, mit Klebefäden gespickten Gespinst können sogar kleine Vögel hängen bleiben. Ist ein Beutetier ins Radnetz geraten, versucht die Spinne erst, es durch Bisse zu töten. Überleben größere Opfer diese Attacke, werden sie mit starken Fäden zum Paket verschnürt. Wenn sich die Beute nicht mehr rührt, saugt die Spinne sie aus. Die Fäden, die sie produzieren, können auch zur Gewinnung von Seide genutzt werden.

Die in tropischen und subtropischen Wäldern beheimatete Seidenspinne ist die größte Vertreterin der Kreuzspinnen. Dies gilt allerdings nur für das Weibchen, nicht für das deutlich kleinere Männchen, mit dem sie gemeinsam das Netz bewohnt. Die Lebensdauer der Seidenspinne beträgt rund ein halbes Jahr. Durch die längere Entwicklungsphase der weiblichen sind die zur selben Zeit geschlüpften männlichen Spinnen bereits gestorben, wenn die Weibchen ihre ersten Eier legen.

Ein Riese, der laut quakt

Zu den Riesen unter den Fröschen zählt der **Große Grabfrosch** *(Pyxicephalus adspersus)*, der bis zu einem Kilogramm wiegen kann. Die Heimat des 18 bis 25 Zentimeter großen Quakers liegt in Mittel- und Südafrika. Dort buddelt er tiefe Löcher in die Erde, in denen er sogar länger dauernde Trockenzeiten unbeschadet übersteht. Sobald ausreichend Regen gefallen und die Erde feucht genug ist, erscheint der Grabfrosch wieder an der Oberfläche.

Da das laute Quaken des Giant African Bull Frog einem tiefen Blöken ähnelt, wird er auch **Afrikanischer Ochsenfrosch** genannt. In der Laichperiode sind diese Rufe kilometerweit zu hören. Der Große Grabfrosch, der sich von Insekten und kleinen Nagetieren ernährt, landet oft selbst als Mahlzeit auf dem Teller. Da sein Fleisch vielen Menschen außerordentlich gut schmeckt, wird er systematisch gejagt.

Farbe als Stimmungsbarometer

Wer seine Meinung ändert, so wie es die Situation erfordert, wird gern mit einem Chamäleon verglichen. Dessen Fähigkeit, seine Farbe zu wechseln und sich so der Umgebung anzupassen, ist geradezu sprichwörtlich. Allerdings signalisiert die Farbänderung eher seine jeweilige Stimmung als die Reaktion auf das Umfeld. Eine besonders interessante Art ist das **Bergchamäleon** *(Chamaeleo montium)*, das nur in Kamerun und dort in Höhenlagen zwischen 500 und 1200 Metern vorkommt. In seinem Lebensraum herrscht ziemlich hohe Luftfeuchtigkeit, außerdem schätzt das Bergchamäleon ein ausgiebiges Sonnenbad.

Besonders auffällig sind die bis zu 25 Zentimeter langen Männchen, welche zwei imponierende Hörner auf der Schnauzenspitze tragen, die bei den kleineren Weibchen fehlen. Wie alle Chamäleons besitzt die Bergart die Fähigkeit, die Zunge um etwa die eigene Körperlänge herauszuschleudern und mit der faltigen Spitze Insekten zu packen und zu verspeisen. Optimal steuern kann der »Minidrache« seine Augen. Er ist in der Lage, sie sowohl getrennt voneinander wie auch in alle Richtungen zu bewegen. Dies geht so weit, dass ein Auge nach vorn und das andere nach hinten blickt.

Weibchen geht auf Verehrer los

Am wohlsten fühlt sich das **Pantherchamäleon** *(Furcifer pardalis)* in einer heißen und feuchten Umgebung. Es lebt auf Bäumen und in Sträuchern, häufig sogar unweit menschlicher Siedlungen in Gärten und Feldern. Die Heimat dieser Chamäleonart sind der Norden und Osten Madagaskars, einige kleinere Eilande sowie die Inseln Réunion und Mauritius. Pantherchamäleons haben keine sonderlich lange Lebenserwartung. In ihrem natürlichen Umfeld werden die Tiere höchstens zwei Jahre alt, im Terrarium bringen sie es auf vier Jahre. Sie sind untereinander ziemlich unverträglich und angriffslustig, eine Wesensart, die auch das nicht paarungsbereite Weibchen demonstriert. Um den unwillkommenen Verehrer abzuwehren, springt es mit weit aufgerissenem Maul auf ihn los.

Das Männchen kann bis zu 50 Zentimeter lang werden, das Weibchen bis zu 35. Der Rückenkamm dieser lebhaften, in unterschiedlichen Grüntönen gefärbten Art ist mit eng stehenden Stacheln besetzt. Der starke Greifschwanz und die kräftigen Füße bieten dem Pantherchamäleon überall guten Halt. Es frisst eine Vielzahl von Insekten sowie winzige Säugetiere, zudem machen sich die Weibchen oft über kleine Echsen her.

Lemuren – Kinder des Zoos

Einzigartig auf der Welt ist das Lemurenhaus des Kölner Zoos, in dem 14 von rund 30 bekannten Lemurenarten leben. Und das Faszinierende: Sie wurden alle in Köln geboren, sind also Kinder des Zoos. In der Natur leben sie ausschließlich auf Madagaskar und seinen Nachbarinseln. Durch die Zerstörung ihres Lebensraumes oder unkontrollierte Jagd aber sind sämtliche Lemuren dort in ihrer Existenz bedroht.

Die so genannten Halbaffen zählen zur Ordnung der Primaten wie Affen und Menschenaffen, unsere nächsten Verwandten. Die Familie der eigentlichen Lemuren oder Makis besteht aus den Bambuslemuren *(Hapalemur)*, den Echten Makis *(Lemur)* und den Varis *(Varecia)*.

Sie leben vorwiegend auf Bäumen, wie auch der **Große Bambuslemur** *(Hapalemur simus)*, der hier genüsslich an einem Zweig knabbert. Bambuslemuren, seit 1999 im Kölner Zoo, haben sich zwar auf junge Bambustriebe spezialisiert, nehmen aber auch mit Möhren, Gurken und Obst vorlieb. Der etwa 40 Zentimeter große Bambuslemur wiegt rund anderthalb Kilogramm. Er zählt zu den extrem bedrohten Tieren, sein Bestand in einem sehr kleinen Areal an der Ostküste Madagaskars wird auf nur noch 200 bis 400 Exemplare geschätzt.

Halbaffe mit Hundeschnauze

Mit kugelrunden, goldfarbenen Augen fixieren sie ihr Gegenüber. Die **Mayottemakis** *(Lemur macaco mayottensis)* sind nur auf einer einzigen Insel im Indischen Ozean zu Hause, dem 366 Quadratkilometer großen Eiland Mayotte, das nordwestlich der Hauptinsel in der Straße von Madagaskar liegt. Wie alle Echten Makis hat auch der Mayottemaki eine längliche, hundeartige Schnauze und stark zurückgebildete obere Schneidezähne. Die geselligen Tiere leben in Gruppen zusammen.

Viele Arten, keine Feinde

Auffällig ist die weiße Zeichnung zwischen Nase und Augen, ansonsten schimmert das Fell des **Rotbauchmakis** *(Lemur rubriventer)* überwiegend kastanienbraun, der Schwanz ist schwarz gefärbt. Das Männchen sorgte für den Namen, denn sein Bauch ist rostrot, der des Weibchens weiß. Diese seltene Lemurenart lebt in mittleren und höheren Lagen der Feuchtwälder des östlichen Madagaskar. Der Rotbauchmaki, der bis zu rund 40 Zentimeter groß wird, lebt in kleinen Familienverbänden. Auch er ist ein Beispiel für die Vielfalt der Arten, die sich in den unterschiedlichen Klima- und Vegetationszonen Madagaskars entwickeln konnte, zumal die Lemuren dort – bis auf den Menschen – keine Feinde haben.

Höchste Gefahr in der Freiheit

In der Freiheit droht ihnen höchste Gefahr, denn der **Schwarzweiße Vari** *(Lemur v. variegatus)* wie auch sein roter Vetter werden wegen ihres schmackhaften Fleisches gejagt. Deshalb schlossen sich die zoologischen Gärten zu einem Europäischen Erhaltungszuchtprogramm zusammen, als dessen Koordinator der Kölner Zoo fungiert. Darüber hinaus besteht ein Internationales Zuchtbuch, in dem alle Exemplare der Welt mit ihren exakten Daten verzeichnet sind. Schwarzweiße Varis sind an der Ostküste Madagaskars beheimatet. Das schwarz und weiß gefärbte Fell und das von einem weißen Backenbart umrahmte Gesicht machen sie zu ganz besonders attraktiven Tieren.

Die kurze Tragezeit (um die 100 Tage), die Tendenz zu Mehrlingsgeburten sowie der Nestbau für die Jungtiere sind besondere Charakteristika der bis zu 60 Zentimeter großen Halbaffen, die mit einer äußerst kräftigen Stimme ausgestattet sind. Ihr weit hallendes Gebrüll dient den in Gruppen lebenden Varis zur Markierung ihres Territoriums.

Zwei stilisierte schwarzweiße Varis auf einer roten Linie sind das Logo des Zoologischen Gartens Köln.

Augen strahlen in Türkisblau

Am eindrucksvollsten sind ihre Augen. Türkisblau strahlen sie aus einem schwarzen oder hellbraunen Gesicht. Ursprünglich hatten Forscher Männchen (oben) und Weibchen (unten, mit Jungem) des **Sclaters Maki** *(Lemur macaco flavifrons)* aufgrund ihrer sehr unterschiedlichen Färbung für zwei verschiedene Arten gehalten. Doch nach ihrer Wiederentdeckung im Jahre 1983 wurde auch dieser Irrtum endgültig ausgeräumt. Der Sclaters Maki ist in einem sehr eng begrenzten Verbreitungsgebiet im Nordwesten Madagaskars zu Hause. Seine nächsten Nachbarn sind die Mohrenmakis *(Eulemur macaco macaco)*, bei denen fransige Ohrbüschel und Wangenhaare auffallen. Im Gegensatz hierzu haben die Sclaters Makis weder Backenbart noch Ohrfransen. Wie ihre Artgenossen verspeisen sie auch im Kölner Zoo mit großem Genuss Früchte, Blätter und Blüten.

Rotes Hinterteil gibt ein Signal

Das knallrote Hinterteil des Pavian-Weibchens schwillt zu bestimmten Zeiten auffällig an. Doch was wie eine Krankheit aussieht, ist für das Männchen ein eindeutiges Signal: Die Dame ist empfängnisbereit. Nach rund 170 Tagen Tragezeit kommt ein Junges zur Welt. In den ersten Wochen hängt das schwarz gefärbte Baby ausschließlich am Körper der Mutter. Erst klammert es sich an ihrem Bauchhaar fest, später hockt es in Jockey-Manier auf ihrem Rücken.

Mantelpaviane *(Papio hamadryas)* sind in Nordostafrika und Südarabien zu Hause. Die Männchen haben einen Harem um sich versammelt, zu dem drei bis vier Weibchen mit ihrem Nachwuchs gehören. Diese Familien leben in straffer Rangordnung gesellig zusammen, wie das lebhafte Treiben im Kölner Zoo vor Augen führt: Über 100 Mantelpaviane tummeln sich dort auf dem Affenfelsen, der vor fast 90 Jahren errichtet wurde. Für Ruhe und Ordnung, soweit unter Pavianen möglich, sorgen als Chefs der Herde die ranghöchsten Männchen – streitbare und oft aggressive Burschen.

Während ausgewachsene Pavianmänner, erkennbar an ihren wallenden, silbergrauen Schultermähnen, etwa 60 bis 90 Zentimeter groß und bis zu 18 Kilogramm schwer werden, bringen es die Weibchen maximal auf 60 Zentimeter. Mantelpaviane, die im alten Ägypten als heilige Tiere galten und von den Menschen verehrt wurden, stehen in unseren Tagen auf der Liste der bedrohten Arten.

Mantel wurde zum Verhängnis

Sein prachtvoller »Mantel« wurde ihm Jahrzehnte hindurch zum Verhängnis. Gnadenlos machten die Menschen im tropischen Afrika Jagd auf den *Colobus guereza kikuyuensis*, den **Mantelaffen**, um das seidige, schwarze Fell mit den weißen Seitenmähnen und dem auffallend buschigen Schwanz zu erbeuten. Der **Guereza**, der zu den nach ihren stark rückgebildeten Daumen benannten Stummelaffen gehört, ist unter anderem in den Wäldern Ugandas, Kenias und Äthiopiens zu Hause. Die Tiere leben in kleinen Gruppen zusammen, deren Männchen durch lautes, tiefes Brüllen den Anspruch auf das Territorium der Familien geltend machen. Eigentlich sind die Mantelaffen hinsichtlich ihrer Ernährung recht einseitig und bescheiden, da sie sich ausschließlich von Blättern ernähren. Will ein Zoo sie allerdings erfolgreich halten oder gar züchten, muss er die Tiere das ganze Jahr über mit Laub versorgen.

Im Lerntest besonders pfiffig

Viele Forscher halten ihn für das intelligenteste Tier schlechthin, denn bei Lern-Experimenten zeichnete sich der **Bonobo** *(Pan paniscus)* oder **Zwergschimpanse** durch besondere Pfiffigkeit aus. Noch in den zwanziger Jahren betrachtete ihn die Wissenschaft als eine Unterart des Schimpansen *(Pan troglodytes)*, doch aufgrund zahlreicher differierender Merkmale wird er inzwischen als eigene Art eingestuft. Die weitestgehend schwarz gefärbten Bonobos sind kleiner, schlanker und feingliedriger als ihre vielfach für Späße vermenschlichten Vettern. Der Kopf mit den auffällig rosaroten Lippen ist runder und zeigt weniger ausgeprägte Brauenwülste. Vor allem bei jüngeren Tieren stehen die struppigen Kopfhaare wild nach den Seiten ab, und speziell bei den Männchen sind die Ohren unter langen, dicken Backenbärten versteckt.

Beheimatet sind die durchschnittlich 1,10 Meter großen afrikanischen Menschenaffen im Kongo, südlich des Kongo-Flusses. Sie leben in Gruppen von bis zu 120 Tieren zusammen, deren Kleinverbände (meist eine Mutter mit ihren Nachkommen) wechseln. Sexuelle Kontakte gibt es bei den Bonobos praktisch jederzeit, da sie weniger der Fortpflanzung als vielmehr der Intensivierung sozialer Beziehungen dienen. Dem Kölner Zoo ist es gelungen, Nachwuchs (Foto rechts) aufzuziehen und damit auch einen wertvollen Beitrag zur Erhaltung dieser bedrohten Tierart zu leisten.

Der Chef hat einen Silberrücken

Er ist eindeutig Herr im Haus, der braunschwarze Koloss mit dem Silberrücken. Kommen ihm Konkurrenten in die Quere, verscheucht er sie mit Trommeln auf die Brust, lautem Gebrüll und Fußgestampfe. Gibt der Gegner noch immer nicht klein bei, kann es sogar zum erbitterten Kampf kommen. Der Silberrückenmann verteidigt seine Familie nicht nur gegen Rivalen aus den eigenen Reihen, auch Raubkatzen machen lieber einen großen Bogen um die eindrucksvolle Gestalt und sein Gefolge.

Dabei ist der Gorilla *(Gorilla gorilla)* ein eher friedfertiger Zeitgenosse und Vegetarier, der für gewöhnlich in Gruppen von bis zu 30 Tieren zusammenlebt, die meisten davon Weibchen. Den Tag verbringt er überwiegend mit Nahrungssuche und Fressen, eine Beschäftigung, die nur durch einen ausgiebigen Mittagsschlaf unterbrochen wird. Der Nachwuchs wächst im Schutz dieses Familienverbandes auf, dessen Silberrückenmann (Foto nächste Seite) zwar der Chef, aber auch ein liebevoller Vater ist.

Die Wissenschaft unterscheidet bei den Gorillas, die der Ordnung der Primaten angehören, drei Unterarten, den Berggorilla *(Gorilla gorilla beringei)*, den Östlichen Flachland- oder Grauergorilla *(Gorilla gorilla graueri)* und den am weitesten verbreiteten **Flachlandgorilla** *(Gorilla g. gorilla)*, der in den tropischen Regenwäldern Zentralafrikas beheimatet ist – und im Urwaldhaus des Kölner Zoos.

Erwachsene männliche Flachlandgorillas werden durchschnittlich 1,50 Meter groß und können bis zu 190 Kilogramm wiegen. Weibchen sind deutlich kleiner und erreichen ein Gewicht von maximal 110 Kilogramm. Typische Merkmale dieser größten Primatenart sind dichte, schwarze Haare, starke Wülste über den Augen und individuell geformte, breite Nasen. Die Hände der Gorillas sind denen des Menschen von allen Affen am ähnlichsten. Den Schädel des Männchens krönt zudem ein hoher Scheitelkamm.

Indien

Thailand

Teile Chinas

Philippinen

Indonesien

Orientalische Region

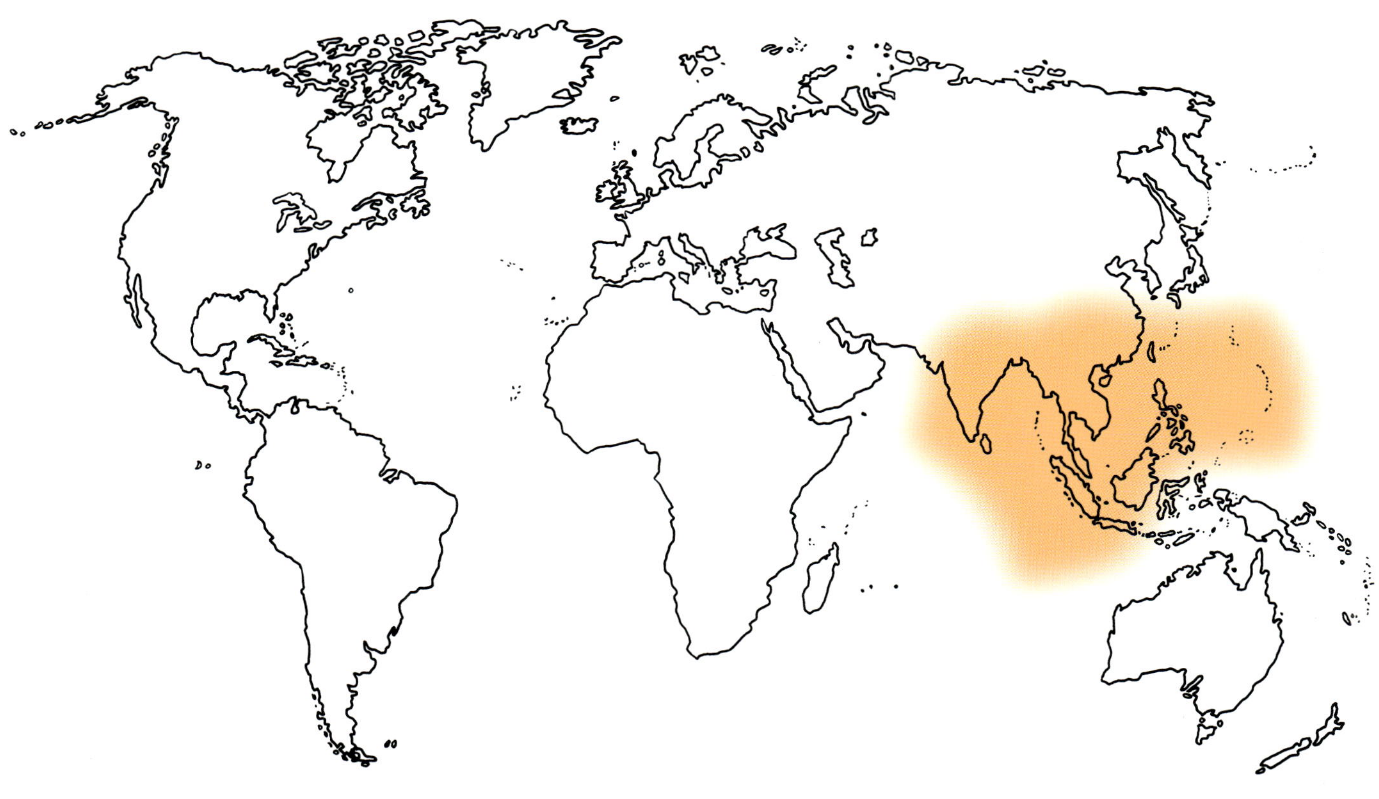

Südostasien – die Heimat des Orang-Utans

Zwischen Pazifik und Indischem Ozean gelegen, im Norden und Westen durch den Himalaya abgeschottet, hat Südostasien, die Orientalische Region, eine eigenständige und vielgestaltige Tierwelt hervorgebracht.

Auf dem asiatischen Festland sowie den Inseln und Halbinseln, die sich um das Südchinesische Meer gruppieren, leben Arten, die auf der Erde ihresgleichen suchen. Allen voran der Orang-Utan, der ausschließlich in den tropischen Regenwäldern Borneos und Sumatras beheimatet ist, der in den Mangroven Borneos lebende, kurios anmutende Nasenaffe oder der beeindruckende Doppelhornvogel.

Der Dunkle Tigerpython oder der Netzpython sind neben der Anakonda die größten Schlangen der Erde, die ihre Beutetiere mit der Kraft ihrer Muskeln töten und sie dann verschlingen.

In der abgeschiedenen chinesischen Provinz Szetschuan, die an die Orientalische Region grenzt, und nur dort, ist der Große Panda zu Hause, der sich nahezu ausschließlich von Bambusschösslingen ernährt. Auch seine Zukunft ist ungewiss wie die des Orang-Utans, dem das gnadenlose Abholzen der Regenwälder mehr und mehr die Existenzgrundlage entzieht.

Im tropischen Regenwald dieser Region entwickelte sich die größte Artenvielfalt, denn 40 bis 50 Prozent aller Tier- und Pflanzenarten leben dort auf nur zwölf Prozent der Erdoberfläche.

Von der in Südostasien beheimateten Fauna kann das Tropenhaus des Kölner Zoos, »Der Regenwald«, nur einen begrenzten Ausschnitt zeigen, der jedoch annähernd den Lebensraum der einheimischen Tierwelt widerspiegelt und die Artenvielfalt anhand einzelner Exemplare vor Augen führt.

Borneo-Orang-Utan
(Pongo p. pygmaeus)

Unsere nächsten Verwandten

Sie zählen zu unseren nächsten Verwandten, denn Menschenaffen und Menschen haben einen gemeinsamen Ursprung. Im Gegensatz zu Gorillas, Schimpansen und Bonobos, die in Afrika zu Hause sind, haben sich die auf Sumatra und Borneo beheimateten Orang-Utans *(Pongo pygmaeus)* im Laufe ihrer Entwicklung für ein Leben in luftiger Höhe entschieden.

Fast nie sind die scheuen »Waldmenschen«, wie sie von den Eingeborenen genannt werden, am Boden anzutreffen, dafür jedoch für waghalsige Kletterpartien in 15 oder 25 Metern Höhe bestens ausgestattet – mit langen Hangelarmen und beweglichen Greiffüßen. Doch die kreischenden Kettensägen der Holzkonzerne lassen ihren Lebensraum immer weiter schrumpfen.

Aus Sicht der Wissenschaftler bilden sie eine eigene Familie, die Pongiden, wie ihre afrikanischen Vettern den Primaten zugehörig. Zwei Unterarten haben sich auf diesen beiden Inseln Südostasiens herausgebildet, die **Borneo-Orang-Utans** *(Pongo p. pygmaeus)* und die kleinere Sumatra-Variante *(Pongo pygmaeus abelii)*, die sich in Gewicht, Fellfarbe und Gesichtsbehaarung unterscheiden.

In freier Natur sind die Tiere im Regelfall Einzelgänger; das Revier eines Männchens überschneidet sich mit denen mehrerer Weibchen. Die Borneo-Orang-Utans des Kölner Zoos hingegen leben in einer großen Gruppe. Da hier die wichtigsten Beschäftigungen, Nahrungssuche und Wachsamkeit vor Feinden, keine Rolle spielen, muss für ausreichende Ablenkung gesorgt werden. Die große Bedeutung und der Erfolg der Zoo-Zucht zeigen sich daran, dass von 1971 bis 2000 in Köln 16 Orang-Utans geboren und aufgezogen wurden.

Tägliche Laubmahlzeit

Zu den Besonderheiten im Lemurenhaus des Kölner Zoos gehören die vielfarbigen **Kleideraffen** *(Pygathrix n. nemaeus).* Ihr Name leitet sich von der Farbenpracht ihres kurzhaarigen, glänzenden Felles ab, dem grauen Kopf, dem strahlend gelben Gesicht sowie den unterschiedlichen Tönungen von Körper und Gliedmaßen. Diese empfindlichen und anspruchsvollen Tiere sind in den tropischen Regenwäldern von Laos und Vietnam zu Hause. Ihre erfolgreiche Haltung in zoologischen Gärten ist erst seit etwa drei Jahrzehnten möglich, ein Erfolg der speziellen Pflege und Fütterung. So wie sich der Kleideraffe in der Natur überwiegend von Blättern ernährt, so lebensnotwendig ist auch die tägliche Laubmahlzeit im Zoo. Höchst zufrieden ist er mit dem Grün der hiesigen Laubbäume, Flieder, Rosen, Forsythien oder Rotdorn, im Winter aus Tiefkühlkost aufbereitet. Das ganze Jahr über gibt es Geburten, die Tragezeit beträgt 210 Tage. Gesäugt werden die Babys (kleines Foto), die sich farblich von den erwachsenen Tieren unterscheiden, bis zu 15 Monate.

Weibchen jagen für den König der Tiere

Von beeindruckender Gestalt ist er schon, der »König der Tiere«, doch auch ein bequemer Geselle. Denn für die Beschaffung der Beute sind in erster Linie die Weibchen des Rudels zuständig. Zur Ehrenrettung des Löwen *(Panthera leo)* sei allerdings gesagt, dass er sich auf jeden Rivalen und alle Eindringlinge stürzt, die die markierten Grenzen seines Reviers überschreiten.

Im Gegensatz zu Tigern und Leoparden leben die Löwen in Familienverbänden. Sie können vier bis zwölf Weibchen mit ihrem Nachwuchs sowie ein halbes Dutzend Männchen umfassen – sofern sie miteinander verwandt sind. Der männliche Löwe mit seiner üppigen Mähne erreicht eine Schulterhöhe von über einem Meter und wiegt bis zu 240 Kilogramm, die etwas kleineren Weibchen sind mit rund 180 Kilogramm deutlich leichter.

In aller Regel werden die Löwen mit Afrika in Verbindung gebracht, dort leben sie südlich der Sahara. Noch existiert jedoch eine kleine Population im westlichen Indien. Dieser **Asiatische Löwe** *(Panthera leo persica)* hat sein Domizil auch im Kölner Zoo, der sich auf diese Weise am Europäischen Erhaltungszuchtprogramm für diese in ihrer Existenz bedrohten Großkatzen beteiligt.

Klein, aber angriffslustig

Er ist der Kleinste in der Bären-Familie *(Ursidae)* und sieht eigentlich ganz harmlos aus, doch der **Malaienbär** *(Helarctos malayanus)* ist ein ausgesprochen aggressiver Zeitgenosse, der seine Gegner oft unvermittelt und mit großer Heftigkeit angreift. Der Malaienbär lebt vornehmlich in den Regenwäldern Südostasiens. Er hat ein kurzes, dunkelbraunes bis schwarzes Fell, große Pfoten und lange Sichelkrallen. Der leichtgewichtige Kletterer geht überwiegend nachts auf Jagd, Vögel und kleine Säugetiere sind seine Beute. Im übrigen ist der wendige Bär ein Allesfresser, der sich auch über Palmsprossen, Früchte, Kokosnüsse und Termiten hermacht.

Der Malaienbär schläft meist tagsüber oder döst in der Sonne, ein Winterschlaf steht allerdings nicht auf seinem Jahresplan. Er wird fast anderthalb Meter groß und bis zu 65 Kilogramm schwer, das Weibchen, das seine Jungen in einem ebenerdigen Versteck zur Welt bringt, ist kleiner und leichter.

Bullen glänzen in Schwarzbraun

Es bedarf keiner BSE-Krise, um komplette Rinderbestände fast völlig auszurotten. Ein Beispiel hierfür sind die **Bantengs** *(Bos javanicus)*, von denen nur noch eine kleine Population im Udjong-Kulon-Schutzgebiet in Westjava existiert. Einst waren diese Wildrinder die bevorzugte Beute des Java-Tigers, den allerdings das gleiche Schicksal wie sie ereilt hat. Auch er ist nahezu von der Bildfläche verschwunden. Die unterschiedliche Färbung beider Geschlechter und der im Vergleich zu den uns bekannten Rinderrassen feingliedrige Körperbau machen den Banteng in den Augen der Wissenschaftler zum schönsten aller Wildrinder. Bei der Geburt sind die Bullkälber rötlich braun wie die Kühe. Erst mit der Geschlechtsreife entwickelt sich das glänzende Schwarzbraun der Stiere.

Im Kölner Zoo kann der Besucher oberhalb der Banteng-Stallungen picknicken und dabei den Blick auf den großen Weiher und weitere Anlagen genießen.

Böcke mit spiraligen Hörnern

Das höchste Gebirge der Welt, der Himalaya, trennt den indischen Subkontinent vom nördlichen Asien. Die heutige Fauna ist das Resultat einer lebhaften Tierwanderung zwischen Eurasien, Afrika und Indien vor Millionen von Jahren. Auf dem Subkontinent herrschen die unterschiedlichsten klimatischen Bedingungen, vom tropischen Wald an der Küste des Indischen Ozeans bis hin zu Wüstengebieten im Nordwesten und dem vielfältigen Dekkan-Hochland.

Hier ist die Heimat der **Hirschziegenantilope** *(Antilope cervicapra)*, auch »Blackbuck« genannt. Allerdings haben nur die dominanten Böcke eine schwarze Färbung. Die Hirschziegenantilopen, die in Indien schon recht selten geworden sind, leben meist in Harems von 15 bis 30 Tieren mit ihrem Bock zusammen. Die Böcke tragen spiralig gewundene Hörner, während die weißbraunen Weibchen bar eines solchen Kopfschmucks sind.

Graue Riesen auf leisen Sohlen

Elefant ist noch längst nicht Elefant, denn die grauen Riesen Afrikas und Asiens sind nur entfernte Verwandte. Zwar ist die Ordnung *(Proboscidea)*, der beide angehören, nach dem Rüssel *(Proboscis)* benannt, doch dahinter verbergen sich zwei verschiedene Arten. Markante Unterschiede lassen dies schon äußerlich erkennen, selbst wenn der weniger Kundige etwas genauer hinblicken muss.

Vor allem ist der Afrikanische Elefant *(Loxodonta africana)* mit drei bis vier Metern Schulterhöhe deutlich größer als sein asiatischer Vetter *(Elephas maximus)*. Die mittlere Rüssellänge beträgt bei beiden zwei Meter, während das Gewicht zwischen drei und sieben Tonnen variiert. Ein auffälliges Merkmal sind die Ohren – groß die des Afrikaners, sichtbar kleiner die des Inders. Außerdem unterscheidet sich der Afrikanische Elefant von seinem asiatischen Verwandten durch das zweispitzige Rüsselende und die ungeteilte Stirnpartie. Bullen und Kühe in Afrika tragen ausgeprägte Stoßzähne, die bei weiblichen **Asiatischen Elefanten** (Foto) nur schwach ausgebildet sind oder völlig fehlen. Die Stoßzähne der Elefanten wachsen zeitlebens nach. Dieses Elfenbein ist der Grund dafür, dass die Elefanten Jahrzehnte hindurch gnadenlos abgeschossen wurden.

Der muskulöse Rüssel dient als Atem-, Riech- und Greiforgan. Außerdem können die Tiere mit ihm Gefühle signalisieren oder aber ordentlich zulangen. Von wegen Elefant im Porzellanladen – trotz ihres gewaltigen Gewichts bewegen sich die Riesen auf ihren weichen, elastischen Sohlen fast lautlos. Elefantenbabys kommen nach einer Tragezeit von rund 22 Monaten zur Welt und wiegen bei der Geburt etwa 100 Kilogramm.

Vermutlich lebten Vorfahren der heutigen Proboscidier bereits vor 50 bis 60 Millionen Jahren auf unserer Erde. In die Ahnenreihe gehören ebenfalls die wesentlich »jüngeren« Mammuts. Von einigen Dutzend Arten sind nur zwei übrig geblieben.

Das Weibchen wird eingemauert

Nicht ohne Absicht wurde der **Doppelhornvogel** *(Bucerus bicornis)* zum Symbol für das Tropenhaus »Der Regenwald« im Kölner Zoo gewählt. Dieser imposante Vertreter der Nashornvogel-Familie ist zwar in Süd- und Südostasien noch weit verbreitet, doch die Zerstörung der Wälder bedroht auch sein Lebensumfeld.

Ein geschwungener Aufsatz mit zwei Spitzen, der den gewaltigen gelben Schnabel krönt, gab ihm seinen Namen: Doppelhornvogel. Überwiegend ernährt sich der wenig elegante Flieger von Früchten, aber auch Eidechsen, Schlangen oder anderes Kleingetier stehen auf seinem Speiseplan. Das Männchen erreicht eine Gesamtlänge von etwa 130 Zentimetern und ein Gewicht von drei bis vier Kilogramm, das Weibchen ist kleiner, leichter und etwas weniger auffällig gefärbt.

Die Doppelhornvögel finden sich zu Schwärmen zusammen, die aus Familienverbänden bestehen. Das Weibchen legt ein bis zwei Eier, die es rund einen Monat lang bebrütet. Das Männchen geht in dieser Zeit auf Nummer sicher: Mit seiner Hilfe mauert das Weibchen für die Dauer der Brutzeit die Nisthöhle zum Schutz gegen Räuber zu. Das Futter, vorzugsweise Feigen, wird durch einen schmalen Spalt angereicht.

Zoologen unterscheiden für gewöhnlich zwei Unterarten, den Großen Doppelhornvogel *(Buceros bicornis homrai)* der zum Beispiel in Thailand, Indien und Südvietnam beheimatet ist, und seinen kleineren Verwandten *(Buceros bicornis bicornis)*, der sich auf Sumatra und der Malaiischen Halbinsel findet.

Pinselzunge hilft beim Fressen

Bei keiner anderen Unterfamilie der Papageien herrscht eine solche Farbenpracht wie bei den Loris. Ihre 56 Arten schillern in allen Farben, besonders oft jedoch in knalligem Rot. Neuguinea ist das hauptsächliche Verbreitungsgebiet dieser Papageiengruppe, der *Loriinae*, die sich mit Vorliebe von Nektar, Pollen und Früchten ernähren. An diese Nahrung angepasst ist ihre Zunge, die in ihrer Form an einen Pinsel erinnert. Daher tragen sie auch den Namen Pinselzungen-Papageien, deren Speiseplan mit Kerbtieren angereichert ist.

Von Kopf bis Schwanz grün gefärbt ist der hier gezeigte **Webers Allfarblori** *(Trichoglossus haematodus weberi)*, der seine Heimat ausschließlich auf der indonesischen Insel Flores hat. Dort leben die Vögel in dichten Bergwäldern in Höhen von bis zu 1400 Metern. Da sie ihre grüne Färbung bestens tarnt, lassen sie sich trotz schriller, lauter Rufe nur höchst mühsam aufspüren. Die gut 20 Zentimeter großen Vögel bringen um die 100 Gramm auf die Waage. Die Weibchen sind kleiner als die Männchen und nicht so intensiv gefärbt.

Sicher nur im Nationalpark

Ein besonders prächtiger Vertreter der Loris ist der **Erz-** oder **Schwarzkappenlori** *(Lorius domicellus)*, der auf den indonesischen Inseln Seram und Buru beheimatet ist. Seine Grundfarbe bildet, wie bei vielen anderen Arten seiner Unterfamilie, ein sattes Rot, während andere Körperteile in den unterschiedlichsten Farben glänzen. Erzloris sind in bewaldeten Gebieten zu Hause, wobei die in Paaren zusammenlebenden Tiere durchaus die Nähe menschlicher Ansiedlungen suchen. Wie die meisten Loris brüten sie in Baumhöhlen.

Es ist davon auszugehen, dass Erzloris in ihrem Bestand stark gefährdet sind, denn überall dort wo Papageienfänger ihr Unwesen trieben, sind die Vögel komplett verschwunden. Auch von den Inselbewohnern werden sie gefangen und zum Vergnügen gehalten. Sicher vor Zugriffen sind Erzloris nur im Manusela-Nationalpark auf Seram.

Hände wurden zu Flügeln

Ist die Rede von Fledermäusen, packt Menschen oft ein Unbehagen. Dracula und seine blutsaugenden Vampire lassen grüßen. Letztere gibt es in der Tat, allerdings nur in Südamerika, wo sie schlafenden Tieren kleine Wunden beibringen und das Blut auflecken. Die meisten Fledermäuse *(Microchiroptera)* ernähren sich von Insekten und wirbellosen Tieren. Reine Vegetarier hingegen sind die ihnen verwandten Flughunde *(Megachiroptera)*, die es auf süße Früchte, Blüten, Pollen oder Nektar abgesehen haben.

800 Fledermaus- und 200 Flughundarten bilden innerhalb der Säugetiere eine eigenständige Ordnung, die der *Chiroptera* (Handflügler). Nach den Nagetieren ist sie die artenreichste. Allen Fledertieren ist die Ausbildung der Hände zu Flügeln gemeinsam, die sie als einzige Säugetiere befähigen, aktiv zu fliegen.

Im »Regenwald« des Kölner Zoos hängen die **Rodriguez-Flughunde** *(Pteropus rodricensis)* tagsüber meist regungslos an Ästen oder ihrem Futterkasten; kommt die Dämmerung, werden sie munter. Im Gegensatz zu den Fledermäusen, die sich mit einer für den Menschen nicht hörbaren Echoortung orientieren, verlassen sich die Flughunde auf ihre scharfen Augen. Manche werden bis zu einem Meter lang und erreichen eine Flügelspannweite von 170 Zentimetern. Ihre Heimat sind die Tropen und Subtropen Asiens, Australiens und Afrikas.

Vogel nach Bankier benannt

Schneeweiß ist das Gefieder des **Balistars** oder **Rothschilds Mynah** *(Leucopsar rothschildi)*. Eine Ausnahme bilden die schwarzen Schwingen und Schwanzspitzen sowie intensiv blaue Augenringe. Wissenschaftlich benannt wurde der Vogel im Übrigen nach dem britischen Bankier Sir Walter Rothschild, der die Expedition finanziert hatte, in deren Verlauf der Balistar entdeckt wurde.

Dieser bildschöne Vertreter der Starenfamilie lebt ausschließlich auf der Insel Bali, dort vornehmlich im trockenen Monsunklima. Überwiegend ernährt er sich von Insekten, verschmäht aber auch Früchte nicht. In den vergangenen Jahrzehnten wurde der einzigartige Vogel mehr und mehr aus seinen angestammten Verbreitungsgebieten vertrieben. Dies hatte zur Folge, dass seine Existenz stark gefährdet ist. Zur Rettung dieser Starenart wurde vor rund zehn Jahren ein Europäisches Erhaltungszuchtprogogamm ins Leben gerufen, das vom Kölner Zoo zentral betreut wird.

Das Männchen wird verspeist

Sie trägt einen friedvoll klingenden Namen, ist aber dennoch eine gnadenlose Räuberin. Die **Gottesanbeterin** *(Hierodula membranacea)* macht selbst vor ihrer eigenen Art nicht Halt. Ihren Namen erhielt die grasgrüne Fangschrecke wegen ihrer Vorderbeine, die sie wie betende Hände erhebt. Allerdings dient diese Stellung nur zum besseren Fang von Beutetieren.

Die Gottesanbeterin ernährt sich von den unterschiedlichsten Insekten, ist aber auch dazu in der Lage, wie bei einer Art aus Nordafrika beobachtet, kleinere Wirbeltiere zu fangen und zu fressen. Da sich die Schrecken auch gegenseitig attackieren, können sie nur einzeln im Terrarium gehalten werden. Kleineren Männchen dieser Spezies ergeht es oft ganz schlecht. Kaum ist die Paarung vollzogen, beißt das Weibchen dem Ex-Liebhaber den Kopf ab und und verspeist ihn mit Haut und Fühlern. Mühselig ist deshalb auch die Aufzucht von Jungtieren, die aus 100 bis 200 abgelegten Eiern schlüpfen. Sobald die größeren dazu in der Lage sind, fressen sie ihre kleineren Geschwister.

Meisterin der Tarnung

Nicht von ungefähr heißt sie **Wandelndes Blatt** *(Phyllium spec.)*, denn diese Art der Stab- oder Gepensterschrecken ist eine Meisterin der Tarnung. Ihr Aussehen entspricht nahezu perfekt dem eines Blattes. Der Körper ist flach und mit seitlichen Einschnitten versehen. Auf Flügeln und Hinterkörper komplettieren imitierte Adern den optischen Eindruck. Die Farbe des Wandelnden Blattes variiert in unterschiedlichen Tönen zwischen Grün und Braun. Nicht nur in Form und Farbe gleichen sich diese Schrecken ihrer Umgebung an, sie bewegen sich auch wie Blätter im Wind, wenn ihr Ast erschüttert wird. Notfalls segeln sie zu Boden und bleiben eine Weile dort liegen.

Die flugunfähigen Weibchen des Wandelnden Blattes werden über acht Zentimeter groß, die Männchen, die fliegen können, erreichen eine Länge von bis zu fünf Zentimetern. Noch nicht richtiges »Blatt« und auffällig gefärbt ist der Schreckennachwuchs (Foto links). Als Nahrung bevorzugen die aus dem südöstlichen Asien stammenden Tiere Eichen- und Brombeerlaub.

Ein flinker Schwimmer

Bestens für das Leben im Wasser ausgerüstet sind die Otter, die zur Familie der Marder zählen. Ihr flacher Körper, der lange, kräftige Schwanz, die Schwimmhäute und das wasserfeste Fell sorgen dafür, dass sie sich im nassen Element pudelwohl fühlen.

Fünf Gattungen mit insgesamt 18 Arten sind der Wissenschaft bekannt; sie alle legen nahezu identische Verhaltensformen an den Tag. Die Otter sind flinke und elegante Schwimmer, die meist allein auf Jagd gehen. Der Europäische Fischotter *(Lutra lutra)*, ist vielerorts bereits ausgerottet.

Zu den Krallenottern gehört der rund 60 Zentimeter lange, drei bis fünf Kilogramm schwere **Zwergotter** *(Aonyx cinerea)*, der im Tropenhaus des Zoos durch das Wasser gleitet. Er hat seine Heimat zum Beispiel in Südchina, Indien und auf den Großen Sundainseln. Schnecken, Krebse und Muscheln, die er aus dem Schlamm pult, dienen ihm als Nahrung. Der zierliche Räuber lebt im Familienverband und geht in kleinen Gruppen auf Nahrungssuche. Nach einer Tragezeit von rund zwei Monaten bringt das Weibchen bis zu sechs Junge zur Welt.

Schwanz als gefährliche Waffe

Sind Warane wütend, ist mit ihnen schlecht Kirschen essen. Sie peitschen heftig mit dem Schwanz, einer höchst gefährlichen Waffe. Auch die Zähne dieser urzeitlich anmutenden Echsen, die zwar kleiner sind als beim Krokodil und nicht so auffällig herausragen, können klaffende Wunden reißen. Warane, die in den Tropen Afrikas, Nord- und Südostasiens verbreitet sind, finden sich sowohl in der Wüste wie auch im Regenwald. Ihre Länge ist sehr unterschiedlich und reicht von 20 Zentimetern bis zu drei Metern.

Der im Kölner Zoo lebende **Bindenwaran** *(Varanus salvator)* aus Südostasien ist mit rund 2,50 Metern Länge eine der größten Arten. Weit aus dem Maul hängt oft die tief gespaltene Zunge, mit der der Waran – wie eine Schlange – die Umgebung abtasten und Gerüche erfassen kann.

Gut getarnter Giftfisch

Ein äußerst gefährlicher Geselle ist der **Steinfisch** *(Synanceja verrucosa)*, der in den indopazifischen Meeren zu finden ist. Selbst im Aquarium des Kölner Zoos präsentiert er sich durch sein seltsames Äußeres außergewöhnlich gut getarnt. Und darin liegt auch die Gefahr: Der Steinfisch kann durch Kanäle in der Rückenflosse ein Gift absondern, das – ähnlich wie das der Kobra – Nervenlähmungen hervorruft. Zwar ist die Giftmenge geringer, doch sind bereits Todesfälle durch Stichverletzungen aktenkundig. Auch bei der Arbeit der Tierpfleger ist das Risiko einer Verletzung nicht auszuschließen, so dass, wie auch bei anderen giftigen Zoobewohnern, stets ein Serum vorrätig ist.

Natternhemd hängt im Geäst

In Südostasien und auf einigen Sundainseln weit verbreitet ist die **Streifenkletternatter** *(Elaphe taenuria)*, auch **Chinanatter** genannt. Die größte dieser Art ist die auf Taiwan beheimatete Rasse *Elaphe taenuria frisei* (Foto), die über 250 Zentimeter lang wird. Nicht nur ihre Größe macht Eindruck, sondern auch die olivbraune bis gelbe Rückenfärbung, die durch schwarze Punkte und Streifen aufgelockert wird, während die Unterseite ein Schachbrettmuster zeigt.

Wie alle Reptilien wechselt die Chinanatter regelmäßig ihre Haut, das »Hemd« bleibt dabei in den Ästen von Bäumen und Sträuchern hängen. Je nach Alter erfolgt diese Häutung alle vier bis zehn Wochen, bei älteren Schlangen werden die Intervalle länger. Das Abstreifen der Haut, das sich durch deren Verfärbung ankündigt, dauert im Normalfall eine Stunde.

Die Chinanatter gilt als optimal für das Terrarium, da sie sich gut an den Menschen gewöhnt und problemlos mit lebenden Mäusen, Ratten und Küken zu ernähren ist. Da sie auch in der Natur auf Rattenjagd geht, ist sie für den Menschen nützlich. Allerdings verarbeiten die Chinesen Streifenkletternattern wegen ihrer Farben zu Leder und schätzen ihr Fleisch als Delikatesse.

Die Fabel von der Riesenschlange

Viel Mythisches rankt sich um die Existenz der Riesenschlangen, sei es der Python aus Südostasien oder die Große Anakonda *(Eunectes murinus)*, die in den Tropenwäldern Südamerikas beheimatet ist. Göttliche Kräfte werden ihnen zugesprochen und gewaltige Längen gemutmaßt. Doch das meiste davon gehört ins Reich der Fabel, denn bis heute wurden noch keine Riesenschlangen gefangen, die länger als zehn Meter sind. Die im Aquarium des Kölner Zoos gehaltenen Tiere, der hier abgebildete **Dunkle Tigerpython** *(Python molurus bivittatus)* und der Netzpython *(Python reticulatus)* sind noch nicht ausgewachsen, da jüngere Exemplare leichter einzugewöhnen, Alttiere hingegen oft reizbar und angriffslustig sind. Bis zu 64 Eier legt das Weibchen, das sich während der Brutzeit schützend um das Gelege rollt. Die Jungen des Dunklen Tigerpythons im Zoo schlüpften nach rund neun Wochen, waren durchschnittlich 58 Zentimeter lang und wogen weniger als 100 Gramm.

Australien

Neuseeland

Neuguinea

Australische Region

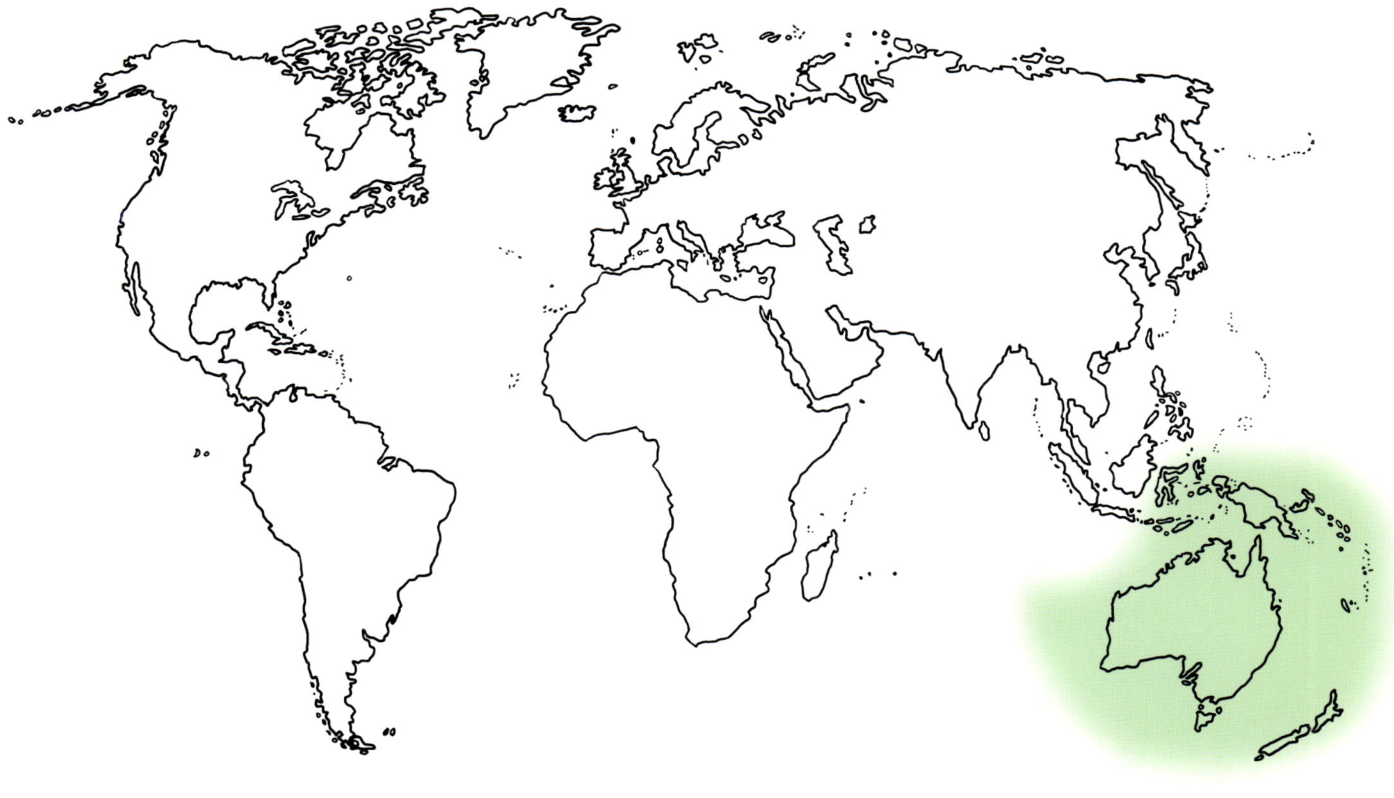

Der kleinste Kontinent – Tummelplatz der Beuteltiere

Wer an Australien denkt, dem hüpft alsbald auch das Känguru in den Sinn mit seinen stämmigen Hinterbeinen, dem kräftigen Stützschwanz und dem Beutel des Weibchens, in dem die Jungen heranwachsen. Und damit ist er schon mittendrin in der tiergeschichtlichen Entwicklung der Australis, der tiergeografischen Region, die Australien, die Inseln Neuseelands sowie Neuguinea umfasst. Auf dem kleinsten Kontinent verbreiteten sich Lebewesen, für die sich in anderen Regionen keine Parallelen finden, die Beuteltiere. Kängurus, ganz gleich, ob sie im trockenen Buschland Australiens oder auf den Bäumen der Regenwälder Neuguineas leben, sind nur eine Spielart dieser Ordnung, die aus 66 Gattungen und rund 260 Arten besteht. Da sie ohne Konkurrenten waren, haben Beuteltiere jede denkbare ökologische Nische besetzt – auch als Marder- und Dachsarten, Tasmanischer Teufel oder mausartiges Lebewesen. Beuteltiere leben auf oder unter der Erde, klettern auf Bäume oder können fliegen.

Die einstige Sträflingskolonie des britischen Empires, ein über weite Strecken trostlos anmutender Kontinent mit nur wenigen, kaum Berge zu nennenden Höhenzügen, Wüsten und verdorrtem Buschland, bietet auch neben den Beuteltieren eine höchst bemerkenswerte Fauna. Etliche Vogelarten gehören dazu wie der Lachende Hans, da gibt es Koalas, Dingos und einen höchst ungewöhnlichen Säuger, das amphibische Schnabeltier, das Eier legt und seinen Nachwuchs dennoch mit eigener Milch aufzieht. Auf Neuseeland, mehr als 1500 Kilometer von Australien entfernt, findet sich eine ganz singuläre Tierwelt. Säugetiere haben sich dort nicht entwickelt, die vorzeitlich anmutende Brückenechse und einige wenige andere »Exoten« bestimmen das Bild. Kein Vergleich also mit Neuguinea, einem Paradies vielfarbiger und vielgestaltiger Vögel. An die 500 Arten wurden in den Regenwäldern, Bergen und Tälern der sich über eine Länge von mehr als 2000 Kilometern erstreckenden Insel entdeckt. Von Australien ist dieses Gebiet nur durch einen schmalen Meeresarm getrennt, aber klimatisch vielfach eine andere Welt. Hier leben zum Beispiel der wehrhafte Helmkasuar, die Krontaube oder der Paradiesvogel. Nicht wenige von ihnen sind bedroht, weil ihr Gefieder den Menschen zu sehr gefällt.

Matschie-Baumkänguru
(Dendrolagus matschiei)

Kängurus, die auf Bäume klettern

In den nördlichen Urwäldern Neuguineas und in Queensland sind äußerst eigentümliche Tiere ansässig, die Baumkängurus. Auf den ersten Blick unterscheiden sie sich kaum von ihren springenden australischen Verwandten, doch sind ihre mit kräftigen Krallen bewehrten Hände ausgeprägter, ihre Arme länger. Im Gegensatz zu den am Boden lebenden Vettern dient ihr stärker behaarter Schwanz nicht als Stütze, weniger standfest sind auch die Hinterbeine. Zwar halten sie sich häufig am Boden auf, doch zum Fressen oder wenn Gefahr droht, klettern die Baumkängurus selbst senkrechte Stämme hoch. Früchte und Blätter der Bäume sind ihre Hauptnahrung, Feinde gibt es in luftiger Höhe nicht.

Im »Regenwald« des Kölner Zoos ist ein Pärchen der **Matschie-Baumkängurus** *(Dendrolagus matschiei)* heimisch geworden, eine der sieben Baumkänguru-Arten aus der Ordnung der Beuteltiere, die in Neuguinea ihre Heimat haben.

(Foto vorherige Seite)

Streitlustige Einzelgänger

Die Kinderaufzucht ist bei den **Helmkasuaren** *(Casuarius casuarius)* Männersache. Drei bis acht Eier legen die Weibchen in ein flaches, mit Gras und Blättern gepolstertes Nest – ihre Arbeit ist damit getan. Die Männchen brüten sie aus und kümmern sich anschließend allein um den Nachwuchs, bringen ihm die ersten Schritte bei und verteidigen ihn gegen Feinde jeder Art.

Die Heimat der Kasuare, die nicht fliegen können, liegt in den undurchdringlichen Urwäldern von Neuguinea und Australien. Sie sind wie viele Bewohner der Urwälder Einzelgänger und außerhalb der Brutzeit äußerst streitlustig. Das schwarze, drahtige Gefieder kontrastiert mit den höchst farbenfrohen Hautlappen an Haupt und Hals. Auf dem vergleichsweise kleinen Kopf thront ein überdimensional erscheinender Helm, dem der Helmkasuar seinen Namen verdankt.

Tauben mit roten Augen

Auf den ersten Blick sehen sie aus wie ganz gewöhnliche Tauben, wenn da nicht die roten Augen wären. Daher trägt die **Nacktaugen-Fruchttaube** *(Ducula pinon)* auch den Namen **Rotaugentaube**. Beheimatet ist sie in Neuguinea sowie auf benachbarten Inseln. Ihr Lebensumfeld konzentriert sich in tiefer gelegenen Gebieten, seltener auch in Höhen von maximal 1000 Metern.

Wie der Name schon vermuten lässt, besteht ihre Nahrung aus Früchten und Beeren, zu deren »Ernte« sich oft größere Taubenscharen zusammenfinden. Ihre Nester bauen die Rotaugentauben in den Zweigen hoher Bäume. Dort ist der Nachwuchs vor der Verfolgung durch Feinde ziemlich sicher – wenn diese nicht gut klettern oder fliegen können.

Lachende Vögel wecken die Götter

Die Ureinwohner Australiens, die Aborigines, verbinden mit dem Gelächter des **Kookaburra** einen jahrhundertealten Mythos. Der laute Chor der Vögel wecke allmorgentlich die Götter, so glauben sie, nur deshalb könnten sie mit den Strahlen der Sonne tagsüber die Erde erhellen und erwärmen. Bei uns ist dieser größte und bekannteste Vertreter der Eisvögel unter dem Namen **Lachender Hans** *(Dacelo gigas)* bekannt, da seine Rufe in der Tat an lautes Lachen erinnern.

Der schwarz und braun gefärbte Vogel, dessen Abbild auch australische Silbermünzen ziert, lebt in offenen Waldgebieten im Süden und Osten des Kontinents.

Wie alle Eisvögel sitzt der Lachende Hans bei der Nahrungssuche regunglos in einer höher gelegenen Position und stößt auf die Beute nieder. Meist fängt der 40 bis 45 Zentimeter große, wenig wählerische Jäger Insekten, ab und zu gerät ihm auch einmal eine kleinere Schlange oder ein anderes Tier in den kräftigen Schnabel.

Riesentaube mit Krone

Wie eine Krone mutet der üppige Federschmuck an, der den Kopf der entsprechend benannten Krontaube ziert. Auf kräftigen Beinen stolzieren die Vögel, die fast so kompakt wie Puten wirken, durch die Urwälder Neuguineas. Ihre Gattung *(Goura)* umfasst drei Arten – die größten Tauben, die es auf der Welt gibt. Die im Kölner Zoo gehaltene **Rotbrustkrontaube** *(Goura sheepmakeri)*, eine von mehreren Unterarten, ist in den südöstlichen Küstenregionen der Insel beheimatet. Dort ernährt sie sich von Früchten, Sämereien sowie Insekten und anderem Kleingetier. Zwar ist sie bei der Nahrungssuche zu Fuß unterwegs, doch ihr Nest baut sie hoch auf einem Baum. Aus dem einzigen darin abgelegten Ei schlüpft nach knapp einem Monat das Junge.

Beim Imponieren wächst der Bart

Furcht und Schrecken will die **Bartagame** *(Amphibolurus barbatus)* verbreiten, wenn sie sich mit weit aufgerissenem Maul in Positur stellt. Bei diesem Imponiergehabe spreizt sich ihre Kehle so weit, dass sich die schwarzen Schuppen wie Stacheln nach allen Seiten recken. Der urweltlich anmutenden Echse wächst sozusagen ein »Bart«.

Die in Australien verbreiteten Tiere, die in rund 20 Arten vorkommen, können bis zu 60 Zentimeter lang werden. Bartagamen unterliegen einer straffen Rangordnung, die sich anhand der Größe definiert. Offenkundig wird dies bei der Fortpflanzung und der Reihenfolge während des Fressens. Die Echsen ernähren sich von Insekten der unterschiedlichsten Art, zum Beispiel Grillen, Schaben oder Heuschrecken. Auch Salat und Früchte verschmähen sie nicht. Während der Paarungszeit hat nur das Alpha-Männchen das Recht, alle Weibchen zu begatten. Zur Eiablage gräbt das Weibchen ein Loch in den möglichst feuchten Sand, das es, sobald das Ei gelegt ist, wieder zuscharrt. Die rund acht Zentimeter großen Jungen schlüpfen nach 80 bis 110 Tagen.

Tagsüber regungslos gerollt

Meist geht der **Grüne Baumpython** *(Chondropython viridis)* nachts auf Jagd. Er packt seine Beute mit blitzartigem Stoß, umschlingt und erdrosselt sie mit einigen Windungen seines muskulösen Körpers. Überwiegend frisst er in seinem ursprünglichen Lebensraum Vögel, Frösche und selbst kleine Beuteltiere, während im Terrarium vor allem Mäuse und Ratten seine Nahrung bilden.

Die bis zu 1,80 Meter lange Würgeschlange lebt im tropischen Regenwald Neuguineas und auf einigen kleineren Inseln sowie im Norden Australiens. Sie hält sich fast ausschließlich zwischen Ästen und Zweigen auf, perfekt getarnt durch ihre grüne Farbe, die von weißen Flecken unterbrochen wird. Tagsüber liegt sie zusammengerollt regungslos auf einem Ast, bei Anbruch der Dämmerung wird sie mobil und hangelt sich mit Hilfe ihres Greifschwanzes durchs Geäst.

Nach der Paarung legt das Weibchen Eier, um die es zum Brüten seinen Körper rollt. Die etwa 30 Zentimeter langen Jungen schlüpfen nach circa 50 Tagen. Anfangs sind sie gelb oder rot, die Grünfärbung folgt erst im Alter von rund drei Jahren.

Männchen als Brutkasten

Beim **Seepferdchen** *(Hippocampus spec.)* gerät so manches Weltbild ins Wanken. Nicht das Weibchen bringt den Nachwuchs zur Welt, das Männchen übernimmt sozusagen die Funktion eines Brutkastens. Die Jungen wachsen in seinem Brustbeutel heran, in den das Weibchen zuvor seine Eier platziert hat. Der Körper des Männchens produziert dann ein Gewebe, das die werdenden Seepferdchen mit Nahrung versorgt. Ihre Geburt nach dem Verlassen der Eier ist allen Beobachtungen zufolge ein fast genauso komplizierter Prozess wie jede andere.

Die filigranen Geschöpfe, die von einheimischen Tauchern zu Tausenden in den indopazifischen Meeren gesammelt, getrocknet und verkauft werden, gehören zur Familie der Röhrenmäuler. Sie nehmen Nahrung auf, indem sie winzige Garnelen, Fischchen und andere Lebewesen mit ihrem röhrenförmigen Maul in sich hineinsaugen.

Kaulquappe wird zum Riesenfrosch

Wer kennt es nicht, das Bild vom winzigen Laubfrosch im Einmachglas, der auf einer Leiter den Wetterpropheten spielt. Ein gehöriges Stück größer ist der **Riesenlaubfrosch** *(Litoria infrafrenata)* aus Neuguinea, der es auf stolze zehn Zentimeter bringt. Er begnügt sich auch nicht damit, Fliegen oder Mücken zu fangen und zu verspeisen, sein Menü umfasst sogar kleine Nagetiere.

Damit er bei seinen Ausflügen nicht von den Blättern rutscht, tragen die Zehen große Saugnäpfe, die sicheren Halt bieten. Zwar sind Laubfrösche durchweg nachtaktiv, doch ihr großer Vetter ist oftmals auch am Tag unterwegs.

Ein immer wieder bestaunenswertes Phänomen ist der Werdegang eines Frosches vom Laich bis zum erwachsenen Tier (siehe Fotos). Aus den in einer Gallertmasse zusammenklebenden Eiern schlüpfen nach nur zwei Tagen die Kaulquappen. Während der vier Wochen dauernden Metamorphose zum Frosch bilden sich Lungen aus, die als Atmungsorgane die Kiemen ersetzen. Dem »Halbfrosch« wachsen zuerst Hinter-, dann Vorderbeine, und sobald der Quappenschwanz verschwunden ist, kann der fertige Riesenlaubfrosch im und außerhalb des Wassers leben.

Nützliche Symbiose

Gleich zwei Namen tragen die **Anemonenfische** *(Amphiprion spec.)*, die wegen ihres Aussehens auch **Clownfische** genannt werden. Die Bewohner des Indischen Ozeans, die vom Indoaustralischen Archipel bis zur Küste Ostafrikas zu finden sind, treten in der Natur stets als Pärchen auf, das eine Symbiose mit Seeanemonen eingeht. Nur Jungfische bilden größere Schwärme.

Das Zusammenleben von Fisch und Aktinie bringt beiden Partnern Vorteile. Die Anemone schützt den Clownfisch, dem das Gift der Nesseln nicht schadet, er wiederum trägt durch Futterreste zu ihrer Ernährung bei und hilft ihr gegen ihre Feinde.

Da Clownfische nachdrücklich auf ihrem Revier bestehen, dulden sie dort keine Konkurrenten. Dies gilt gleichermaßen für die Unterbringung im Aquarium, in dem allerdings keine Anemonen angesiedelt werden müssen.

Erwachsene Männchen und Weibchen sind problemlos auseinander zu halten, da das »schwache« Geschlecht erkennbar größer ist. Zum Weibchen entwickelt sich immer der kräftigste Jungfisch.

Langsam, aber erfolgreich

Zu den eigentümlichsten, aber auch schönsten Bewohnern des Korallenriffs gehört der **Rotfeuerfisch** *(Pterois spec.)*, der im Pazifik und im Indischen Ozean zu Hause ist. Typisch für ihn sind die gemächlichen Bewegungen, mit denen er die Korallenbauten durchstreift. Auf die Suche nach kleineren Fischen geht der rote Räuber bei Dunkelheit, tagsüber versteckt er sich zwischen den Korallen.

Obwohl der Rotfeuerfisch nicht als blitzschneller Jäger operiert, ist seine Methode erfolgreich. Mit den abgespreizten Strahlen der Brustflossen versperrt er seiner Beute nach und nach den Fluchtweg, so dass er problemlos zuschnappen kann. Giftig sind die Strahlen seiner Rückenflossen, die er als Verteidigungs- und Angriffswaffen einsetzt. Brust- und Hinterflossen spreizt der Rotfeuerfisch zu voller Breite, wenn er seinen Feinden imponieren will.

Doktor mit wirksamer Waffe

Die scharfen Skalpelle der Chirurgen gaben dem **Doktorfisch** *(Acanthurus spec.)* den Namen. Ein oder zwei spitze, auf der Schwanzwurzel des Fisches stehende Dornen haben die Schärfe von Messern und können Feinden empfindliche Verletzungen beibringen. Nicht immer werden diese Waffen offen getragen, einige Tiere verstauen sie in dafür vorhandenen Körpertaschen.

Rund 100 verschiedene Arten Doktorfische sind bekannt, die meisten von ihnen leben im Indopazifik. Die bis zu 45 Zentimeter großen, scheibenförmigen Fische benutzen zum Schwimmen ihre Brustflossen, der Schwanz dient nur als Ruder.

Doktorfische können auch im Aquarium gehalten werden, in kleineren aufgrund ihrer späteren Größe allerdings nur als Jungtiere. Wenn die Eingewöhnungsprobleme überstanden sind, erfreuen sie sich eines langen Lebens.

Das historische Elefantenhaus im maurischen Stil aus dem Jahr 1863

Vom maurischen Monument zum Elefanten-Paradies

Über Jahrzehnte war das 1863 im maurischen Stil erbaute Elefantenhaus Wahrzeichen und Publikumsmagnet des Zoologischen Gartens Köln. Eine weitläufige neue, zwei Hektar große und rund 20 Millionen Mark teure Anlage, die Lebensraum für bis zu 20 indische Dickhäuter bietet, wird das Bild des Zoos in den kommenden Dekaden prägen – so wie das Urwaldhaus von 1985 und der 2000 eröffnete »Regenwald«.

Dazwischen liegen 140 Jahre wechselvoller Zoo-Geschichte, begleitet von immer neuen wissenschaftlichen Erkenntnissen, aber auch geschüttelt von wirtschaftlichen Problemen und den Wirren zweier Weltkriege.

Gegründet wurde der Zoologische Garten Köln im Jahre 1860 – ein historischer Moment, der aufs Engste mit dem Namen Dr. Caspar Garthe verbunden ist, an den noch heute eine 1886 aufgestellte Büste im Zoo erinnert. Doch ist es nicht völlig von der Hand zu weisen, dass frühere, eher vage Vorstellungen eines Hobby-Tiergärtners den Initiator des Kölner Zoos animiert hatten, das Projekt ernsthaft zu betreiben.

Garthe-Denkmal, 1886 im Kölner Zoo errichtet

Im damals ländlichen Lindenthal, ein gutes Stück vom prosperierenden Köln entfernt, lockte der Gastwirt Ernst Müller seine Gäste mit einer Hand voll exotischer Tiere, die er auf seinem Grundstück zur Schau stellte. Er nahm die Gründung von Tiergärten in mehreren europäischen Großstädten, aber auch Aktivitäten in Berlin und Frankfurt zum Anlass, in der *Kölnischen Zeitung* vom 24. April 1856 ein solches Projekt für die Rheinmetropole und ihre 110.000 Bewohner anzuregen.

Ein Jahr später, am 13. August 1857, machte der Erste Oberlehrer Dr. Garthe seine Überlegungen erstmals öffentlich. In der *Kölnischen Zeitung* propagierte der Pädagoge, der an der Höheren Bürgerschule am Quatermarkt »Realien«, also praxisbezogene Stoffe, lehrte, mit viel Phantasie und Wortgewalt seine Vision eines Tiergartens für alle Kölner.

Enthusiastisch und in leuchtenden Farben malte Dr. Garthe seinen Lesern den pädagogischen Nutzen und die einmalige Schönheit des geplanten Zoos aus: Er spricht von einem »prachtvoll errichteten Gebäude, sprudelnden Quellen und rauschenden Was-

serfällen«. Dem Besucher eröffne sich ein 30 Morgen großer Garten »mit seinem eleganten Blumenfloor und sonstigen Einrichtungen«. Räume für »Conversation, Bälle und sonstige Vergnügungen« solle es geben. »Zur Erweiterung ihres Ideenkreises« will der Lehrer für die Besucher sogar Mikroskope und ein Fernrohr aufstellen.

Im Mittelpunkt des in manchen Passagen heute durchaus reißerisch anmutenden Artikels der *Kölnischen* stehen selbstverständlich die künftigen Bewohner des Zoos, die »der Natur der Einzelwesen entsprechend arrangierten Thiergruppen«. Die »blutlechzenden Tiger und Leoparden« fehlen in dieser Beschreibung ebenso wenig wie der »imposante Löwe mit seinem majestätischen Gange« und die »dem Menschen vielleicht am nächsten stehenden verschiedenen Arten von Affen«.

Der mit dem Beitrag verbundene Aufruf an die Kölner Bürger, Aktien der zu gründenden Gesellschaft zu zeichnen, ist mit dem Hinweis auf bereits laufende Vorbereitungen und die bevorstehende »Bildung eines Comités« versehen.

Der Pädagoge Dr. Caspar Garthe, dem es bei seinen Bemühungen sicherlich zum Teil um eine anschauliche Schulbildung ging, war von einer naturwissenschaftlich ausgerichteten Weltsicht geprägt und vom Glauben an den Fortschritt beseelt. Abseits allen revolutionären Gedankenguts zählte er zu den Verfechtern einer modernen Welt.

Das Modell des neuen Elefantenparks, der bis zu 20 Dickhäutern Platz bietet

Liberales Denken und der Blick über die Mauern Kölns hinaus charakterisierten auch die prominenten Bürger, die Dr. Garthe für seine Idee begeistern konnte, allen voran die Exponenten der preußischen und der städtischen Verwaltung, Regierungspräsident Eduard von Moeller und Oberbürgermeister Justizrat Hermann Joseph Stupp. Beiden waren allerdings primär von dem Gedanken angetan, in der Großstadt einen Ort der Erholung zu schaffen.

Als kluger Schachzug erwies es sich gleichermaßen, dass Dr. Garthe den reichen Kaufmann Philipp Engels aus der Glockengasse mit ins Boot holte, der zu den Vertretern des rheinischen Frühliberalismus gehörte. Zum Kreis der Gründer zählten neben anderen außerdem die Bankiers Commerzienrat Wilhelm Ludwig Deichmann und Eduard Oppenheim, die Zuckerfabrikanten Wilhelm Joest und Johann Peter vom Rath sowie der Parfümhersteller Johann Maria Farina.

Das erste Straußenhaus im maurischen Stil, das den Geschmack der Zeit widerspiegelte

Nach vorausgegangenen Treffen der Förderer und längeren Debatten über das Projekt veröffentlichte Dr. Garthe im Jahre 1858 den »Prospectus über einen zu errichtenden zoologischen Garten in Köln, mit besonderer Rücksicht auf Acclimatisation fremder Thiere [...]«. Bereits im mehrzeiligen Titel hob der Pädagoge zudem die »Gründung eines Central-Versammlungsortes« und den »auf Tatsachen beruhenden Nachweis über die Rentabilität« heraus.

Schon damals war der Tourismus ein Faktor in der Kalkulation, denn der Autor legte unter anderem dar, dass 1857 in den Kölner Gasthöfen sowie in Deutz rund 90.000 Fremde gezählt wurden. Ein Drittel von ihnen werde sicherlich auch den Zoo besuchen, kalkulierte Dr. Garthe.

Nachdem die Comité-Mitglieder das veranschlagte Aktienkapital von 100.000 Talern rheinischer Währung aufgetrieben hatten (die Hälfte davon allerdings erst nach der Eröffnung), konnte der kühne Plan in die Tat umgesetzt werden. Für Irritationen sorgten vorübergehend die Weltwirtschaftskrise und der Krieg, den Napoleon III. und der König von Sardinien gegen Österreich führten.

Einiges Gezerre gab es um das Grundstück für den Zoo: Ein Gelände vor dem Hahnentor war zu teuer, der Antrag, 15 bis 20 Morgen des städtischen Gartens zwischen Friesentor und Ehrenfeld zur Verfügung zu stellen, wurde vom Rat rundweg abgelehnt. Ohnehin fürchteten einige Ratsherren, dass sich der Tiergarten nicht rechne und über kurz oder lang Geld aus dem Stadtsäckel erhalten müsse.

Doch dann kam der Durchbruch. Ein Riehler Landwirt verkaufte – mit drei Kreuzchen als Unterschrift – der Aktiengesellschaft ein 23 Morgen großes Grundstück im Kölner Norden, im Bereich des »Milchhäuschens« zwischen Stammheimer Weg, Riehler Straße und Frohnweg gelegen. Mit der Anlage des Gartens wurde der Stadtgärtner Anton Strauß betraut. Fehlten nur noch die »wilden Tiere«.

Um sie zu beschaffen, schickten die Initiatoren Briefe in die ganze Welt. Oberbürgermeister Stupp schrieb an die preußischen Konsulate in Übersee, und Bankier Oppenheim, einige Jahre später in den Adelsstand erhoben, nutzte seine Verbindungen zu Geschäftsfreunden in europäischen und außereuropäischen Häfen.

Schließlich war es dann soweit. Die Gartenanlage war fertig, ein großer Teil der Tiere, Löwen und Bären, in Köln angekommen – und das Comité hatte den Greifswalder Arzt Dr. Heinrich Bodinus zum ersten Direktor ernannt. Am 22. Juli 1860, dem Tag der Eröffnung in

Das große Raubtierhaus wurde Vorbild für viele Zoos in Europa

kleinem Kreis, wurde die Vision von Dr. Caspar Garthe, in Köln einen Zoo zu gründen, Realität. Die feierliche offizielle Einweihung am 2. August folgte nur noch als Formalität.

In Fragen der Tierhaltung und der Zoologie war der Humanmediziner Dr. Bodinus eigentlich ein blutiger Laie. Als Liebhaberei betrieb er in Greifswald die Taubenzucht, hielt in seinem kleinen Privatzoo allerdings auch etliche exotische Vögel. Doch eine derartige personelle Lösung war in den Gründerjahren der deutschen Zoos wenig verwunderlich. Woher sollten ausgewiesene Experten auch kommen?

Jedenfalls reiste der frisch gebackene Direktor unverzüglich nach Holland und Belgien, um sich über Bauwerke und Anlagen in den dortigen Gärten zu informieren. Maurische Architektur war in jenen Jahren »in«, galt als hochmodern. Sie war, wie Johann Jakob Häßlin in seiner Geschichte des Kölner Zoos schreibt, »malerisch, neuartig, exotisch, anziehend!« Und just von diesem Stil ließ sich auch Dr. Bodinus inspirieren – wie etwa bei der Errichtung der Häuser für Giraffen und Antilopen (später Elefantenhaus) und Straußenvögel.

»Acclimatisation« war in Europa, und ganz besonders in Frankreich, ein zoologisches Schlagwort der damaligen Zeit, also die Eingewöhnung von Lebewesen in ein neues Umfeld und ein anderes Klima. Doch gemeint war letztlich weitaus mehr, nämlich die Zucht zusätzlicher Haus- und Nutztiere. Allerdings hielt sich der Erfolg dieser Aktivitäten in äußerst engen Grenzen, Aufbau und Entwicklung des Kölner Zoos wurden nicht im geringsten davon tangiert.

Sein Tierbestand wuchs kontinuierlich, so dass Dr. Bodinus 1861 die Vergrößerung des Raubtierhauses in Angriff nahm. Bewohnt von fünf Löwen, zwei Tigern, vier Leoparden, Wölfen und Mardern, war der Bau schier aus allen Nähten geplatzt. Raum hatte ebenso für die kurz zuvor eingetroffenen Grizzlybären gefehlt. Wenig später hatte die Kölner Raubtiersammlung den Ruf, die großartigste in ganz Deutschland zu sein.

Eine besondere Attraktion war zwei Jahre darauf das »höchste und menschenähnlichste unter allen Tieren, der Orang-Utan von Borneo«. Doch dem jungen Tier war kein langes Leben beschieden, wie damals in allen zoologischen Gärten. Nach gut einem halben Jahr notierte der Direktor resigniert: »Unser Orang Utan [...] erlosch wie eine Flamme, der es an Nahrung gebricht.«

Der Gründungsdirektor des Zoos, in der Fachwelt anerkannt und bei den Kölnern sehr beliebt, wurde 1869 nach Berlin berufen, um die Leitung des Zoologischen Gartens zu übernehmen. Nach 15 Jahren erfolgreichen Wirkens erlag er dort siebzigjährig einem Schlaganfall. Ein Denkmal, das 1894 zum fünfzigsten Jubiläum des Berliner Tierparks aufgestellt wurde, erinnert an den Mann, dem der Garten »seine heutige Gestalt und seinen jetzigen Weltruhm verdankt«.

Wenn auch keinen »Weltruhm«, so doch internationales Renomme hat sich der Kölner Zoo in den mehr als 140 Jahren seines Bestehens erworben – in erster Linie dank seiner neun Direktoren. Sie alle prägten im Laufe der Jahrzehnte mit ihren Vorlieben und tiergärtnerischen Kenntnissen die Entwicklung des Tierparks, so wie es die Autoren Johann Jakob Häßlin und Gunther Nogge bereits in dem 1985 im Verlag Greven erschienen Buch *Der Kölner Zoo* in lebhaften Farben vor Augen führen.

Das alte Affenhaus im orientalischen Stil beherbergte anfänglich auch Schlangen, Eidechsen und Krokodile

Mit seinen Zinnen und Rundbögen erinnerte der große Bärenzwinger an eine Burg

Standen anfänglich noch das Vorzeigen der Tiere und der Ausbau der Anlagen im Vordergrund, so rückten in den späteren Jahren Gedanken wie artgerechte Lebensbedingungen, die Erhaltung vom Aussterben bedrohter Tiere durch Nachzuchten und Schutzprogramme für gefährdete Arten immer stärker in den Vordergrund. Der Wandel der Sichtweise und stetig wachsende Kenntnisse spiegeln sich zwangsläufig in der Gestaltung von Häusern und Gehegen wider, die mehr und mehr ihren Gefängnis-Charakter verloren.

Zoodirektoren und Mäzene des Tierparks begeisterten sich in den frühen Jahrzehnten an monumentalen Bauwerken und der Schaffung eines Erholungsgeländes. Die Resultate waren eine Mischung aus persönlichen Vorstellungen und dem jeweils herrschenden Zeitgeschmack. Noch heute führen dies Dokumente, Zeichnungen sowie erhalten gebliebene Bauten wie das Elefantenhaus von 1863 vor Augen.

So war es wenig verwunderlich, dass Gründungs-Direktor Dr. Heinrich Bodinus (1859 – 1869) das Elefantenhaus, ursprünglich für Antilopen und Giraffen bestimmt, nach dem Vorbild maurischer Architektur errichten ließ. Einerseits hatte er sich von den Gebäuden der zoologischen Gärten in Belgien und Holland inspirieren lassen und darüber hinaus der Mitte des 19. Jahrhunderts vorhandenen Vorliebe für die arabische Baukunst Tribut gezollt.

Exotisch muteten auch die Häuser für Strauße und Affen sowie die Voliere für tropische Vögel an, während der Bärenzwinger mit wuchtigen Mauern, Eisengittern und Zinnen eher einer Ritterburg ähnelte. Hier hatten sich wohl die Vorstellungen seines Stifters, des Architekten Franz Koch, durchgesetzt. Fast schon heutigen Vorstellungen von Freigehegen entsprach der Kletterfelsen für Schafe und Ziegen, der damals allerdings vorwiegend von den Besuchern als Aussichtsplattform genutzt wurde.

Bauliche Akzente setzte auch Nicolas Funck, von 1870 bis 1886 Chef im Kölner Zoo. Umgestaltet wurde das Raubtierhaus, das Domizil der Stelzvögel erweitert und ein neues, imposantes Restaurant gebaut. Immerhin fiel in die Amtszeit des gebürtigen Luxemburgers 1882 die Ausdehnung des Zoos um knapp zwei Hektar

Der Zoo und seine Anlagen waren auch Treffpunkt vieler Kölner. Im Hintergrund die Voliere für tropische Vögel

Das Stelzvogelhaus zeigt die für den damaligen Zeitgeist typische Architektur

Land – vom Rest getrennt durch den Stammheimer Weg, der bis 1913 einem widerborstigen Privatmann gehörte. Beide Teile waren nur durch eine Brücke über den Weg miteinander verbunden. Nicolas Funck ließ sich Rinderhäuser im Schweizer Blockhaus-Stil einfallen und begann den Bau des später hoch gelobten Seelöwenbeckens, vor dessen Fertigstellung er sich allerdings, siebzigjährig, in den Ruhestand zurückzog.

Außergewöhnliche Verdienste hingegen erwarb sich Nicolas Funck um die Gestaltung der Gartenanlagen, die sein Vorgänger Bodinus bereits mit Grünflächen, Blumenbeeten, vielen kleinen Seen, Springbrunnen und Wasserfällen ausgestattet hatte. Noch heute spenden viele Bäume Schatten, die während der Ära Funck gepflanzt wurden. So entstand in den rund anderthalb Jahrzehnten seiner Tätigkeit ein Park, der mehr denn je den Tieren ein adäquates Umfeld und den Besuchern einen Ort der Erholung mitten in der Millionenstadt Köln bot.

Ludwig Heck (1886 – 1888), mit 26 Jahren jüngster Direktor der je auf diesen Posten berufen wurde, hatte wenig Gelegenheit, nachhaltige Spuren zu hinterlassen. Nach kurzer Amtszeit wechselte er (wie schon Bodinus) in den Berliner Zoo, dem er über vier Jahrzehnte lang die Treue hielt. Immerhin brachte Heck 1887 den Bau des Seelöwenbeckens zu Ende, das er mit drei Bewohnern ausstattete. Schon ein Jahr später wurde (eine Sensation!) hier der erste Seelöwe in Europa geboren.

Wesentlich länger wirkte Hecks Studienfreund Ludwig Wunderlich, der 1888 seine Nachfolge antrat und 40 Jahre lang bis zu seiner Pensionierung 1928 die Entwicklung des Kölner Zoos bestimmte. Als Kind und während eines Volontariats unter Nikolaus Funck hatte er den Kölner Zoo kennen gelernt und später als Wissenschaftlicher Direktor in Frankfurt umfangreiche praktische Erfahrungen gesammelt.

Wie seine Vorgänger leistete Wunderlich seinen Beitrag zur baulichen Stilemixtur, indem er 1899 vom Architekten Alfred Müller ein weitläufiges Vogelhaus errichten ließ – einer Kathedrale im fernen Russland nachempfunden. Mit einem halben Dutzend Türmchen verziert wurde das Straußenhaus, das an eine Moschee erinnerte. Wölfe, Füchse und Schakale bewohnten einen massiven Steinbau, dessen Dach wie Burgzinnen anmutete und dessen Umgang gotische Spitzbögen bildeten. Als Attraktion ganz eigener Art erwies sich die Leuchtfontäne, die, von bunten Lampen angestrahlt, mitten im Flamingoteich 15 Meter in die Höhe stieg.

In dieser Zeit setzte der Hamburger Tierhändler Carl Hagenbeck in der Haltung und Präsentation von Tieren völlig neue Maßstäbe. Sein neuer Park in Stellingen bestand aus Sumpf- und Teichgebieten, Gebirgen und Steppen. Zahllose Tiere tummelten sich in ihnen, von den staunenden Betrachtern nicht durch Zäune und Gitter, sondern nur durch breite Gräben getrennt.

Ludwig Wunderlich war von dieser Idee begeistert. Er ließ den alten Kletterfelsen und das Seelöwenbecken durch Anbauten erweitern und schuf die Eisbärenklippen und den Affenfelsen. Über beiden erhob sich der Adlerberg mit seinen weitläufigen Volieren. Drei Tage vor Ausbruch des Ersten Weltkriegs wurden die neuen Anlagen eröffnet. Noch heute ist der Affenfelsen aus dem Jahre 1914 der Tummelplatz von über 100 lautstark tobenden Mantelpavianen.

Das Vogelhaus wurde 1899 im Stil einer russischen Kirche erbaut

Zwangsläufig zogen Krieg und Nachkriegszeit auch den Kölner Zoo in Mitleidenschaft. Das Geld war knapp, das Kapital der Aktiengesellschaft nahezu dahingeschmolzen. Um seine Tiere füttern zu können, musste Wunderlich sogar etliche wertvolle Exemplare aus eigener Zucht verkaufen. Der Tierpark überlebte. Von einer Kapitalerhöhung auf 450.000 Reichsmark übernahm die Stadt Köln 1924 zwei Drittel der Gesamtsumme. Sie ist noch immer Hauptaktionär der AG Zoologischer Garten Köln.

Die Nachfolge des herzkranken und fast tauben Dr. Wunderlich trat 1929 Friedrich Hauchecorne (bis 1938) an. Seine Arbeit für den Zoo litt nicht nur unter den Folgen des Ersten Weltkriegs; Bankenkrach, wirtschaftliche Probleme und politische Spannungen ließen die Besucherzahlen sinken. Als er sein Amt übernahm, hatte am Rhein noch immer die britische Besatzungsmacht das Sagen. Die 1933 folgende Machtübernahme durch die Nationalsozialisten ließ das Publikumsinteresse am Kölner Tierpark zusätzlich schwinden.

Die Baupläne seiner Vorgänger vergilbten in den Schubladen, da die Stadt Köln andere Sorgen hatte, als Geld in den Zoo zu stecken. So konzentrierte sich Dr. Hauchecorne, wie seine Vorgänger vor allem um einen prachtvollen Vogelbestand bemüht, auf die »landschaftliche Gesamtausführung« des Tierparks – bis ihn, den passionierten Jäger, 1938 die verirrte Kugel eines leichtsinnigen Waidgenossen tödlich traf.

Im Zweiten Weltkrieg wurde das Vogelhaus wie der gesamte Zoo Opfer der Bombardements

Hatte Friedrich Hauchecorne schon schwierige Zeiten meistern müssen, so kam es für Dr. Werner Zahn (1938 – 1951) knüppeldick. Nazi-Deutschland rüstete für den Krieg. 1939 marschierte die Reichswehr in Polen ein. Kölns neuer Zoochef wurde als Soldat an die Westfront beordert, von der er 1940 schwer krank zurückkehrte.

Immer knapper wurde das Futter für die Tiere, verwendet wurde nur solches, das »für die menschliche Ernährung nicht mehr brauchbar« war und selbst von den »Nutztieren« verschmäht wurde. Die Raubtiere mussten ins sichere Königsberg transportiert werden, die Bären wurden erschossen.

Dann legten die Bombenteppiche Köln in Schutt und Asche. Erst dröhnten die Flugzeugmotoren nur nachts über der Stadt, ab März 1944 griffen die Alliierten auch tagsüber an. Das Zoogelände war von mehr als 130 Einschlägen übersät, der größte Teil des Bestandes vernichtet. Nur das Elefantenhaus hatte die Bombardements einigermaßen unbeschadet überstanden.

Am 6. März 1945 marschierte die US-Armee in Köln ein. Im Trümmerfeld rund um den Dom lebten noch 40.000 Menschen. Auf dem Zoogelände hatten 22 Tiere das Inferno überstanden, darunter ein Flusspferd, ein Wasserbüffel, zwei Jaguare, ein Kamel und zwei Zebras. Dr. Werner Zahn und eine Hand voll Mitarbeiter machten sich daran, die gröbsten Schäden zu beseitigen, konnten den Tierbestand sogar ergänzen.

Am Pfingstwochenende des Jahres 1947 durften die Besucher erstmals die Neuzugänge, darunter einen Löwen, Braun- und Eisbären, zwei Kamele und Lamas, bewundern. Obwohl das Geld vorn und hinten nicht reichte, gewann der Tierpark allmählich wieder Konturen. Fast 250.000 Besucher honorierten 1949 die Bemühungen Dr. Zahns, der zwei Jahre später seine Arbeit beenden musste und kurz darauf an einer schweren Krankeit starb.

Die eigentliche Phase des Wiederaufbaus fiel in die Amtszeit von Dr. Wilhelm Windecker (1952 – 1975), der zuvor als Walfang-Biologe, Tierfänger und -händler in der halben Welt herumgekommen war. Von Reisen rund um den Globus, in Afrika, Australien, Südostasien, den USA und der Sowjetunion, um nur einige zu nennen, brachte er später stets neue Tiere mit: Kängurus, Wombats, Nasen- und Kleideraffen, Sakis und Uakaris.

Die Beschaffung von Elefanten, Breitmaulnashörnern und Giraffen war das Resultat der guten Beziehungen zu afrikanischen Staaten. Selbst zwei Berggorillas, deren Überleben nach wie vor massiv gefährdet ist und die heute kein Zoo mehr ankaufen würde, erhielt der Oberbürgermeister als Geschenk von der ruandischen Regierung.

Bereits im ersten Jahr der Tätigkeit des neuen Zoodirektors waren das Vogel- und das »Rundhaus« wieder nutzbar. Ein Jahr später stand eine Fasanerie an Stelle des im Krieg zerbombten Raubtierhauses. 1955 bezogen Raubkatzen den kleinen Bärenzwinger und vier Seelöwen ihr repariertes Becken. Dr. Windecker sorgte dafür, dass die Zahl der Tiere zügig anstieg. Er holte die Elefantenkuh Rani, eine Netzgiraffe und ein Spitzmaulnashorn nach Köln.

Das Männchen eines damals angeschafften Schimpansenpaars, bei den Kölnern als »Petermann« bekannt und beliebt, erlangte später zweifelhafte Berühmtheit. »Petermann«, alt und launisch geworden, fügte 1985 bei einem Ausbruch Zoodirektor Professor Nogge üble Bisswunden zu.

Großzügiger präsentierte sich 1957 die Anlage für Eisbären, deren Betonkonstruktion die Felsklippen von 1914 ersetzte. Eisbären, einst als Zucht ein Vorzeigeprojekt, sind heute aus dem Kölner Zoo verschwunden. Ihr Revier haben Seehunde in Beschlag genommen.

Die Entscheidungen der fünfziger Jahre waren maßgebend für die heutige Größe und Gestaltung des Zoos. Das Gelände wurde durch einen Ratsbeschluss aus dem Jahre 1954 um acht auf insgesamt 20 Hektar Fläche erweitert, knapp das Vierfache des Areals bei seiner Gründung. Die Ergebnisse der »Denkschrift zur Erweiterung und Neugestaltung des Kölner Zoos« aus dem Jahre 1957 sind noch heute sichtbar.

Durch den Park führt ein weit geschwungener Rundweg, an dessen Außenkante die Mehrzahl der Tierhäuser liegt. Er umschließt den Kern des Zoos mit seinen vielen Wasserläufen und Seen sowie die großflächigen Freianlagen. Den Wirtschaftsweg verlegten die Planer an die Außenbegrenzung des Geländes. Da sich Deutschland zum »Wirtschaftswunderland« gemausert hatte, war der Startschuss zur Umsetzung des anspruchsvollen Projekts auch sofort gefallen.

280.000 Kubikmeter Schutt und 12.500 Kubikmeter Mutterboden wurden im neuen Zoogelände um die ehemalige Radrennbahn aufgeschüttet. Ein 7500 Quadratmeter großer See und Stallungen für Paarhufer und Pferde entstanden. 1958 folgte ein neues Zoo-Restaurant, im Jahr darauf war die Freianlage am historischen Elefantenhaus vollendet. 1960 schließlich, zur 100-Jahr-Feier, hatte das Publikum Zugang zum Erweiterungsgelände.

Wilhelm Windecker konnte nach Herzenslust bauen. 3000 Quadratmeter maß die Afrika-Anlage für Zebras, Strauße und Gnus; Königs- und Humboldtpinguine hatten ihr neues Zuhause samt speziellem Kühlraum unmittelbar an der Eisbärenanlage. Vollendet wurde die Fasanerie, der Zoochef und seine Mitarbeiter bezogen das noch immer genutzte Verwaltungsgebäude am Haupteingang.

Das neue Domizil der Löwen und Tiger beeindruckte durch weitläufige Freigehege. 1969 setzte der Komplex für die Bären mit vier Freianlagen das vorläufige i-Tüpfelchen auf die bauliche und tiergärtnerische Erneuerung des Kölner Zoos, der mit Wilhelm Windecker seinen Platz unter den Top-Tiergärten der Welt zurückgewonnen hatte.

Windecker sorgte außerdem dafür, dass Tiere, die niemand bisher so recht beachtet hatte, in einem angemessenen Rahmen untergebracht wurden. Gemeinsam mit Oberbürgermeister Theo Burauen trieb er im Vorfeld der zweiten Bundesgartenschau in Köln von 1971 den Bau des Aquariums samt Insektarium und Terrarium im Eingangsbereich des Tierparks voran. Krokodile, Giftschlangen, Fische, Insekten und Eidechsen rufen dort bei den Besuchern nach wie vor einen Anflug von Gänsehaut hervor.

Kölns Zoologischer Garten liegt mitten in der Stadt, wie der Blick über den Affenfelsen zeigt

Über die alltägliche Tiergärtnerei hinaus gelang dem Kölner Zoo in diesen Jahren etwas zoologisch Einmaliges, ja Sensationelles, das eng mit dem Namen von Windeckers Assistentin Uta Hick verknüpft ist: der Aufbau einer großen Lemuren-Sammlung. Diesen so genannten Halbaffen, die in ihrer Vielfalt allein auf der Insel Madagaskar zu finden sind, drohte durch die Abholzung ihres Lebensumfelds bereits in den sechziger Jahren das kollektive Ende.

Anfänglich in bescheidenem Rahmen, ab 1973 im neuen Lemurenhaus gelang es den Kölner Zoologen, einen weltweit einzigartigen Beitrag zur Erhaltung dieser bedrohten Tierarten zu leisten. Über 200 Lemuren, die zu mehr als einem halben Dutzend Arten gehören, sorgen regelmäßig für Nachwuchs.

Die Zooschule, erstmalig und beispielhaft in Europa, nahm 1963 ihren Betrieb auf. Diese erfolgreiche Einrichtung betreut seitdem im Rahmen des Biologie-Unterrichts alljährlich bis zu 15.000 Schülerinnen und Schüler.

20 Jahre hatte diese Phase des Wiederaufbaus und der Innovation gedauert. Die gesamtwirtschaftliche Lage und damit auch die immer leerer werdenden Kassen der Stadt Köln schoben weiteren Plänen einen Riegel vor. Beim Abschied Dr. Windeckers war klar, dass sein Nachfolger Berge von Problemen würde schultern müssen.

Spinnentiere waren die wissenschaftliche Spezialität dieses Nachfolgers, Professor Dr. Ernst Kullmann (1975 – 1981). Doch schon lange vor seinem Ruf nach Köln hatte er sich vier Jahre lang im damaligen Königreich Afghanistan mit anderen zoologischen Projekten befasst. Die Gründung eines zoologischen Gartens und eines Museums in Kabul sowie die Verbreitung des Naturschutzgedankens waren die Ergebnisse seines erfolgreichen Wirkens.

Nach langjähriger wissenschaftlicher Tätigkeit, in deren Mittelpunkt natürlich die Spinnen standen, übernahm er den Lehrstuhl für Allgemeine Zoologie an der Universität Kiel. Seine Kollegen reagierten mit Kopfschütteln, als er dieses Amt 1975 aufgab, um Zoodirektor in Köln zu werden. Kullmann brachte viele neue Ideen mit an den Rhein, doch fehlendes Geld für Neubauten sowie politische Entscheidungen – die Einführung der Mitbestimmung und des Ein-Drittel-Anteils der Arbeitnehmer im Aufsichtsrat – begrenzten seine Möglichkeiten. Zudem erzwang das Washingtoner Artenschutzübereinkommen von 1976 in allen Zoos neue Denkansätze beim Umgang mit ihren Tierbeständen.

1980 trat der SPD-Politiker Heinz Lüttgen die Nachfolge von OB Theo Burauen als Vorsitzender des Aufsichtsrats der Zoo AG an. Bereits ein Jahr später gab es Krach zwischen dem Zoochef auf der einen sowie Aufsichtsrat und Belegschaft auf der anderen Seite. Damit war die Ära Kullmann beendet.

Seit 1981 steht Professor Dr. Gunther Nogge an der Spitze des Zoologischen Gartens Köln. Zwar schrieb der gebürtige Kölner seine Doktorarbeit über einen Rinderparasiten, die Dasselfliege, und habilitierte sich mit wissenschaftlichen Arbeiten über die Tsetsefliege, für die er zudem den Insect Physiology Prize erhielt, doch das Thema Zoo begleitete ihn bereits seit seiner Studentenzeit. Wilhelm Windecker hatte den jungen Gunther Nogge als Hilfspfleger beschäftigt, und wie schon Professor Kullmann hatte er sich von 1969 bis 1973 als Dozent für Zoologie und wissenschaftlicher Berater des Zoos von Kabul in Afghanistan aufgehalten.

Knapp zehn Jahre später erhielt Gunther Nogge die Gelegenheit, die Erfahrungen früherer Jahre in die Praxis umzusetzen. Der Aufsichtsrat wählte ihn zum Vorstand der Zoo AG. Und die befand sich in einem wirtschaftlich äußerst desolaten Zustand, so dass die Konsolidierung der Finanzen an erster Stelle stand. Einen erheblichen Beitrag hierzu leisteten die Freunde des Kölner Zoos, die 1982 einen Förderverein auf die Beine stellten, der innerhalb kurzer Zeit auf 600 Mitglieder anwuchs.

Die Mitgliedsbeiträge und Spenden der Förderer ermöglichten in Verbindung mit einem Bankkredit auch die Realisierung eines Vorhabens, das bereits seit 1957 auf der Prioritätenliste stand: den Bau einer zeitgemäßen Behausung für die Affen, die im Vogelhaus recht und schlecht ihr Dasein fristeten.

Aus Zeitmangel und Kostengründen wurden die Erfahrungen und Pläne des Krefelder Zoos den Kölner Erfordernissen angepasst,

Der »Regenwald«, das Tropenhaus im Kölner Zoo, vermittelt Eindrücke vom Lebensumfeld der Tiere

die Bauarbeiten konnten beginnen. 1985, rechtzeitig zum 125-jährigen Bestehen des Zoos, bezogen die Menschenaffen ihr sechseinhalb Millionen Mark teures Quartier, das »Urwaldhaus«. Mit seinen großen Glasfenstern, Außenanlagen und üppig wucherndem Grün ist es seit seiner Eröffnung ein Publikumsmagnet.

Großzügige Freianlagen erhielten Leoparden und Schneeleoparden, die Okapis können nach Herzenslust auf ihrem weitläufigen Gelände herumtollen. Zur kleinen, aber feinen Attraktion mauserte sich zudem das Eulenkloster.

Da die Gelder für den Zoo eher tröpfelten als sprudelten, ließ das nächste größere, in seinem Ansatz der gewandelten Zoo-Philosophie Rechnung tragende Projekt anderthalb Jahrzehnte auf sich warten: der »Regenwald«, das Tropenhaus mit komplexer Flora und Fauna, in dem vielfarbige Vögel durch die zentrale Halle flattern und allerlei Getier zu Füßen der Besucher krabbelt. Die dichte Vegetation simuliert die Gegebenheiten eines ganzen Lebensraums, des südostasiatischen Regenwalds.

Baumkängurus, Doppelhornvögel, Schlangen, Fische und Amphibien informieren – gestützt durch informatives Lehr- und Anschauungsmaterial – die Besucher über die biologische Vielfalt dieses Gebiets und über seine Bedrohung durch den Menschen. Damit verfolgt das singuläre Projekt nicht zuletzt das Ziel, vielen Menschen die von den zoologischen Gärten weltweit verfolgte Naturschutzstrategie zu vermitteln und so ihre Sinne für den Umwelt- und Naturschutz zu schärfen.

Die Eröffnung des »Regenwalds« zur Jahrtausendwende – der Zoo feierte sein 140-jähriges Bestehen – setzte einen zeitgemäßen und gleichzeitig zukunftsweisenden Markstein in der Geschichte des Kölner Tierparks.

Nicht nur das Interesse der Besucher, deren Zahl jedes Jahr die Million nur knapp verfehlt, ist ein klares Votum für die Beliebtheit der Kölner Anlage, auch eine breit angelegte Analyse des Hamburger Magazins *Stern* im Juli 2000 gab dem Tierpark Bestnoten. So hoben ihn die moderne Umsetzung der Zoo-Idee, die optimale Unterbringung der Tiere und nicht zuletzt der spektakuläre »Regenwald« im Vergleich mit 38 weiteren Zoos auf Platz eins. Und noch ein Rekord: Im Juli 2001 ehrten Professor Dr. Gunther Nogge und der Vorsitzende des Aufsichtsrats, Oberbürgermeister Fritz Schramma, den sechzigmillionsten Besucher des Zoologischen Gartens Köln seit seiner Wiedereröffnung zu Pfingsten 1947.

Das Arche-Noah-Prinzip

Im Laufe der Geschichte hat sich nicht nur das äußere Erscheinungsbild zoologischer Gärten verändert, sondern auch die sie tragende Philosophie, ihre Aufgabenstellung und ihr Selbstverständnis. In Köln kommt die heutige Auffassung in der Corporate Identity des Zoos klar zum Ausdruck: Zoo Köln – Unsere Arche Noah. Von der Arche-Funktion des Zoos war bei seiner Gründung in der Mitte des 19. Jahrhunderts noch keine Rede.

In seinem Aufruf zur Gründung eines zoologischen Gartens in Köln pries Dr. Caspar Garthe den Zoo als ein Institut, »welches geeignet ist, der Sammelplatz aller derer zu sein, welche vermöge ihrer geistigen Richtung höhere Ansprüche an das Leben als solches machen, – ein Institut, welches mit den Freuden heiterer Geselligkeit zur Förderung wahrer Bildung beizutragen vermag, und welches imstande ist, über die bevorzugten Schichten der Gesellschaft hinaus Segen zu verbreiten, auch dem weniger Bemittelten und Gebildeten die Gelegenheit zu gewähren, in Stunden der Muße Herz und Seele erfrischen und veredeln zu können«.

Damit waren bereits zwei Grundpfeiler des Selbstverständnisses zoologischer Gärten gesetzt: Zoos sollen den Menschen Erholung, Entspannung und Freude durch die Begegnung mit Tieren bieten, und sie dienen der Belehrung und naturwissenschaftlichen Bildung. Selbst wer den Zoo lediglich aufsucht, um ein paar schöne Stunden zu verbringen, wird ihn nicht ohne neue Eindrücke und Erkenntnisse verlassen.

Das Motto der New York Wildlife Conservation Society, die 1895 den Zoo in der Bronx gründete, lautet »Education, Research, Conservation«. Damit sind die beiden weiteren der vier Aufgaben definiert, denen sich die wissenschaftlich geleiteten Zoos der Welt heute widmen, nämlich Forschung und Erhaltung im Sinne von Arterhaltung, Natur- und Umweltschutz.

Die Aufgabenerweiterung der Zoos hat sich auch in der Satzung der AG Zoologischer Garten Köln niedergeschlagen. Während es früher über den Zweck der Gesellschaft schlicht hieß: »Allen Volkskreisen soll Gelegenheit verschafft werden, Tiere und Pflanzen möglichst vieler Arten besichtigen zu können«, lautet es heute: »Die Gesellschaft hat es sich insbesondere zur Aufgabe gemacht, die im

Zoologischen Garten Köln lebenden Tiere nach dem neuesten Stand tiergärtnerischer Kenntnisse zu halten, hierdurch einen Beitrag zur Erhaltung der Tierwelt unserer Erde zu leisten, wissenschaftliche Forschung auf dem Gebiet der Zoologie zu fördern und naturwissenschaftliche Kenntnisse in allen Bevölkerungskreisen zu verbreiten und zu vertiefen.«

Die vier Aufgaben zoologischer Gärten sind sicher gleich wichtig. Keine darf vernachlässigt werden. Allerdings ist die Aufgabe, zur Erhaltung der Biodiversität beizutragen, heute von allergrößter Aktualität und Priorität. Dabei haben die Zoos diese Aufgabe nicht etwa selbst an sich herangezogen, um vielleicht damit gegenüber gelegentlichen Zookritikern ihre Existenzberechtigung zu untermauern. Die Arche-Noah-Funktion ist ihnen vielmehr von alleine zugefallen. Ohne dass sie ihre Bestände verändert haben, ist die Zahl derjenigen Tiere, die zugleich auf den Roten Listen der bedrohten Arten stehen, von Jahr zu Jahr angestiegen. Im Kölner Zoo gilt dies allein für 70 Prozent der gehaltenen Säugetiere.

Im Zeitraum einer einzigen Generation hat sich die Weltbevölkerung verdoppelt. Dies verdeutlicht ein Bild im Informationszentrum des Abuko-Naturreservats in Gambia

Das 21. Jahrhundert, das gerade begonnen hat, wird geprägt sein vom größten Artensterben seit dem Ende des Erdmittelalters vor 65 Millionen Jahren. Damals starben die Dinosaurier aus, die größten Tiere, die jemals auf der Erde gelebt haben. Tatsächlich hat es im Laufe der Geschichte des Lebens immer wieder Massenaussterben gegeben, bei denen bis zu 90 Prozent aller Tier- und Pflanzenarten von der Erdoberfläche verschwunden sind. Man kann solchen Ereignissen sogar etwas Positives abgewinnen, denn sie machen den Weg frei für neues Leben und neue Arten. So bekamen etwa die Säugetiere, die bis dahin ein Schattendasein neben den gewaltigen Reptilien des Erdmittelalters geführt hatten, erst durch deren plötzlichen Abgang ihre Chance. Sie entfalteten sich zu einer ungeahnten Vielfalt an Arten, einschließlich der menschlichen, die sich zuletzt zum unangefochtenen Beherrscher des Planeten aufschwang.

Es ist schon beeindruckend, wie sich der Mensch in kürzester Zeit flächendeckend über die gesamte Erde von den tropischen Regenwäldern und Wüstengürteln bis zu den Hochgebirgen und Permafrostböden der Tundra verbreitet und vermehrt hat. Allein innerhalb der letzten 30 Jahre, dem Zeitraum einer einzigen Generation, hat sich die Weltbevölkerung verdoppelt. Erst neulich begrüßte der Generalsekretär der Vereinten Nationen den sechsmilliardsten Erdenbürger.

Dem Wachstum der Weltbevölkerung sind freilich Grenzen gesetzt, die sich aus den begrenzten Ressourcen der Erde ergeben, und natürlich unterliegt auch der Mensch den von ihm selbst entschlüsselten populationsdynamischen Gesetzmäßigkeiten. Die Gelehrten streiten sich nur noch über die maximale ökologische Tragekapazität. Derweil vermehrt sich die Menschheit weiter und wartet ab, wann und mit Hilfe welcher Mechanismen die gegenwärtige Progressionsphase der Populationsentwicklung beendet wird.

Dabei nimmt man in Kauf, dass die Mehrzahl der Tier- und Pflanzenarten auf der Strecke bleibt. Das World Conservation Monitoring Centre im englischen Cambridge nennt 311 Tier- und Pflanzenarten, die seit dem 17. Jahrhundert für immer von der Erde verschwunden sind. Das sind natürlich nur jene, die wissenschaftlich bekannt

waren. In Wirklichkeit müssen es sehr viel mehr sein, denn nur ein geringer Teil ist wissenschaftlich erfasst und benannt. Man weiß nicht einmal, wie viele Arten es überhaupt gibt. Die Schätzungen schwanken zwischen fünf und 30 Millionen. Je nachdem von welcher Zahl man ausgeht, wird damit gerechnet, dass eine bis fünf Millionen beziehungsweise 20 bis 50 Prozent aller Arten während der nächsten 100 Jahre ausgerottet werden.

Verständlicherweise waren es die Zoos mit ihren Tieren aus aller Welt, die diese Entwicklung zuerst erkannten, aber auch entsprechend reagierten. In Deutschland hat vor allem Professor Bernhard Grzimek, der frühere Direktor des Frankfurter Zoos, schon seit den fünfziger Jahren mit Filmen wie »Serengeti darf nicht sterben« und Fernsehsendungen die Öffentlichkeit aufgerüttelt und für den Naturschutz sowie die Rettung der bedrohten Tierwelt geworben. 1962, also noch lange vor dem Inkrafttreten des Washingtoner Artenschutzübereinkommens, das den grenzüberschreitenden Handel mit gefährdeten Tier- und Pflanzenarten und ihren Produkten kontrolliert, beschloss der internationale Zooverband auf Wildfänge besonders bedrohter Tierarten wie zum Beispiel Orang-Utans zu verzichten. 1964 forderte er gemeinsam mit der IUCN, der Welt-Naturschutzunion, eine weltweite Kontrolle des Tier- und Pflanzenhandels. Als erste kamen dieser Forderung 1969 die USA mit dem Endangered Species Act nach.

1973 wurde auf einer internationalen Konferenz in Washington die Convention on International Trade with Endangered Species (CITES), auch Washingtoner Artenschutzübereinkommen genannt, beschlossen, welches 1975 völkerrechtlich in Kraft trat. Mittlerweile sind rund 150 Staaten dem Übereinkommen beigetreten. Heute regelt es den Handel von mehr als 8000 Tier- und etwa 40.000 Pflanzenarten.

Es war vorauszusehen, dass die von den Zoos selbst gewollten Restriktionen bei der Entnahme von Tieren aus der Natur tief greifende Konsequenzen für das Management ihrer Tierbestände nach sich ziehen würden. Zumindest bei den bedrohten Tierarten, deren Zahl, wie schon erwähnt, von Jahr zu Jahr weiter ansteigt, mussten die Zoos unabhängig von Naturentnahmen und durch erfolgreiche Zucht dieser Tiere zu Selbstversorgern werden. Dass die Zoos in der Lage waren, sich selbst erhaltende Populationen aufzubauen, hatten sie längst bei Arten wie dem Wisent, dem Milu und dem Przewalskipferd, deren Bestände im Freiland längst erloschen waren, bewiesen. Nun galt es, die mit solchen Arten gesammelten Erfahrungen zu nutzen und auf den gesamten Tierbestand anzuwenden. Dies setzte ein hohes Maß an Kooperation der Zoos voraus, deren Zusammenarbeit deutlich verbessert werden musste.

Das erste Hilfsmittel bei der Zusammenarbeit zoologischer Gärten zur Pflege ihrer Tierbestände war die Einführung internationaler Zuchtbücher, beginnend mit dem Zuchtbuch für den Wisent bereits im Jahre 1923. Inzwischen ist deren Zahl auf 124 gestiegen. Die Entwicklung der elektronischen Datenverarbeitung erleichterte den Informationsfluss und ermöglichte die problemlose Erfassung sämtlicher Tierbestände. Die Zoos erkannten schon frühzeitig die Chancen, die ihnen das Computerzeitalter bot, und gründeten 1974 ISIS, das International Species Information System.

Internationales Zuchtbuch für den Europäischen Wisent

In Deutschland war der Kölner Zoo Vorreiter bei der Einführung dieses Programms. Heute sind durch ISIS rund 300.000 lebende Tiere 8000 verschiedener Arten in rund 600 zoologischen Gärten in aller Welt erfasst.

Zuchtbücher und elektronische Datenbanken erleichtern die gegenseitige Information über die jeweils aktuelle Situation der Tierbestände und sind die Voraussetzung für die Zusammenarbeit der Zoos bei ihren Zuchtbemühungen. Schon bald zeigte sich jedoch, dass zum Aufbau langfristig sich selbst erhaltender Populationen Kooperation auf freiwilliger Basis allein nicht ausreicht. Es bedarf vielmehr der Koordination der Zuchtbemühungen. So wurden 1985 – übrigens in Köln – die Europäischen Erhaltungszuchtprogramme (EEP) begründet. Das Prinzip dabei ist, dass alle Tiere einer Art in allen europäischen Zoos als eine Einheit betrachtet und so auch behandelt werden. Der einzelne Zoo verzichtet dabei auf seine Besitz- und Verfügungsrechte und überlässt die entsprechenden Entscheidungen einem Koordinator, der die Verwandtschaftsverhältnisse in der Population kennt und der bestimmt, welche Tiere in welchem Zoo zu Zuchtpaaren oder -gruppen zusammengeführt werden, wann und wie oft diese zur Zucht zugelassen werden und was mit dem Nachwuchs passiert.

Als Symbol koordinierter Zuchtprogramme dient weltweit ein schwarzes Nashorn mit seinem Kalb

Durch Befolgung des strikten EEP-Reglements ist es den Zoos tatsächlich gelungen, sich selbst erhaltende Populationen von Kleinen Pandas und Schneeleoparden, Sibirischen Tigern, Gorillas und Nashörnern und vielen anderen Tierarten, die in der Natur bedroht sind, aufzubauen. Inzwischen gibt es eine ganze Reihe von Tierarten, deren Bestände in den Zoos größer sind als in der Natur, vom Sibirischen Tiger über das Goldgelbe Löwenäffchen bis zum Balistar. Es gibt bereits Arten, die in der Natur gar nicht mehr, sondern nur noch in zoologischen Gärten existieren bzw. existierten, denn die Zoos stellen immer mehr Tiere aus ihren Beständen, wie zum Beispiel Przewalskipferde und weiße Oryxantilopen, für Wiederansiedlungen in der Natur zur Verfügung. Die Zoos sind also längst zu Produzenten, ihre Tierbestände mittlerweile zu Reservepopulationen für die Natur geworden.

Welches Potenzial zoologische Gärten für die Erhaltung der Artenvielfalt darstellen, bringt das Policy Statement der IUCN von 1987 zum Ausdruck, das die Conservation Breeding Specialist Group, eine vornehmlich aus Tiergärtnern bestehende Spezialistengruppe der IUCN – übrigens auch auf einer Tagung im Kölner Zoo – erarbeitet hat:

»Biotopschutz allein reicht nicht aus, wenn das erklärte Ziel der Weltnaturschutzstrategie, die Erhaltung der biologischen Vielfalt, erreicht werden soll.

Erforderlich sind der Aufbau sich selbst erhaltender Zuchtpopulationen und andere Stützungsmaßnahmen, um den Verlust vieler Arten zu verhindern, insbesondere solcher, die durch weitgehend zerstörte, zerstückelte oder verkleinerte Lebensräume in höchstem Maße gefährdet sind. Zuchtprogramme müssen begonnen werden, bevor Arten bis auf kritische Anzahlen reduziert sind, und zwar international koordiniert nach wissenschaftlichen biologischen Prinzipien, um lebensfähige Populationen in der Natur erhalten oder wieder aufbauen zu können.«

Ein Jahr nach dem Umweltgipfel in Rio de Janeiro legten die Zoos ihre Welt-Zoo-Naturschutzstrategie vor

Als die Weltnaturschutzstrategie 1991 unter dem Titel »Unsere Verantwortung für die Erde« neu gefasst wurde, fand dieses Dokument unmittelbaren Eingang.

Inzwischen ist sich die Menschheit ihrer Verantwortung für die Erde, zumindest der ökologischen Krise, in die sie die Erde gestürzt hat, bewusst geworden. 1992 trafen sich erstmals die Staats- und Regierungschefs dieser Erde in Rio de Janeiro zu einem Umweltgipfel, um Wege aus dieser Krise zu suchen. Zu den Ergebnissen dieser Konferenz gehört ein Übereinkommen zur Erhaltung der biologischen Vielfalt. Zoologische Gärten werden darin in Artikel 9, in dem es um ex-situ-Maßnahmen geht, und in Artikel 13, der die Schärfung des Umweltbewusstseins fordert, ausdrücklich genannt.

Um den Verpflichtungen nachzukommen, die sich aus dem Übereinkommen über die biologische Vielfalt ergeben, hat die Europäische Union 1999 sogar eine Richtlinie über die Haltung von Wildtieren in Zoos verabschiedet. Ihr Ziel ist es, »die Rolle der Zoos bei der Erhaltung der biologischen Vielfalt zu stärken«. Die Mitgliedsstaaten werden verpflichtet, die Richtlinie bis zum 9. April 2002 umzusetzen und »sicherzustellen, daß alle Zoos die nachstehenden Erhaltungsmaßnahmen anwenden:

– Sie beteiligen sich an Forschungsaktivitäten, die zur Erhaltung der Arten beitragen, und/oder am Austausch von Informationen über die Arterhaltung und/oder gegebenenfalls an der Aufzucht in Gefangenschaft, der Bestandserneuerung oder der Wiedereinbürgerung von Arten in ihrem natürlichen Lebensraum.

– Sie fördern die Aufklärung und das Bewußtsein der Öffentlichkeit in bezug auf den Erhalt der biologischen Vielfalt, insbesondere durch Informationen über die zur Schau gestellten Arten und ihre natürlichen Lebensräume.«

Diese Richtlinie ist sozusagen die politische Absegnung des Wandlungsprozesses, den die zoologischen Gärten allgemein und der Kölner Zoo als einer der ältesten in Europa insbesondere durchgemacht haben, nämlich von der Menagerie des 19. Jahrhunderts zum Naturschutzzentrum des 21. Jahrhunderts.

Natürlich müssen sich die Zoos an ihren Taten messen lassen. 1993, nur ein Jahr nach dem Umweltgipfel in Rio de Janeiro, haben sie ihre Ziele in einer Welt-Zoo-Naturschutzstrategie neu definiert. Danach können sie auf dreifache Weise zum Naturschutz beitragen:

1. Durch Zuchtprogramme für bedrohte Tierarten, um Tiere, wann immer es möglich und sinnvoll ist, für Wiederansiedlungen in der Natur zur Verfügung stellen zu können.

2. Durch Förderung des öffentlichen Bewusstseins für Umwelt- und Naturschutzprobleme. Tiere im Zoo sind sozusagen Botschafter ihrer in der Natur bedrohten Artgenossen und der vielen anderen ebenso bedrohten Tier- und Pflanzenarten ihres geschundenen Lebensraums.

3. Durch Forschung und Entwicklung von Methoden für das Management kleiner Populationen. Längst herrschen auch in der Natur für viele Arten, die in isolierten, weit voneinander entfernten Restpopulationen leben, zooähnliche Verhältnisse, und man kommt gar nicht umhin, die im Zoo entwickelten Methoden im Wildlife-Management einzusetzen.

In Nordamerika ist das Pendant der EEPs der Species Survival Plan (SSP)

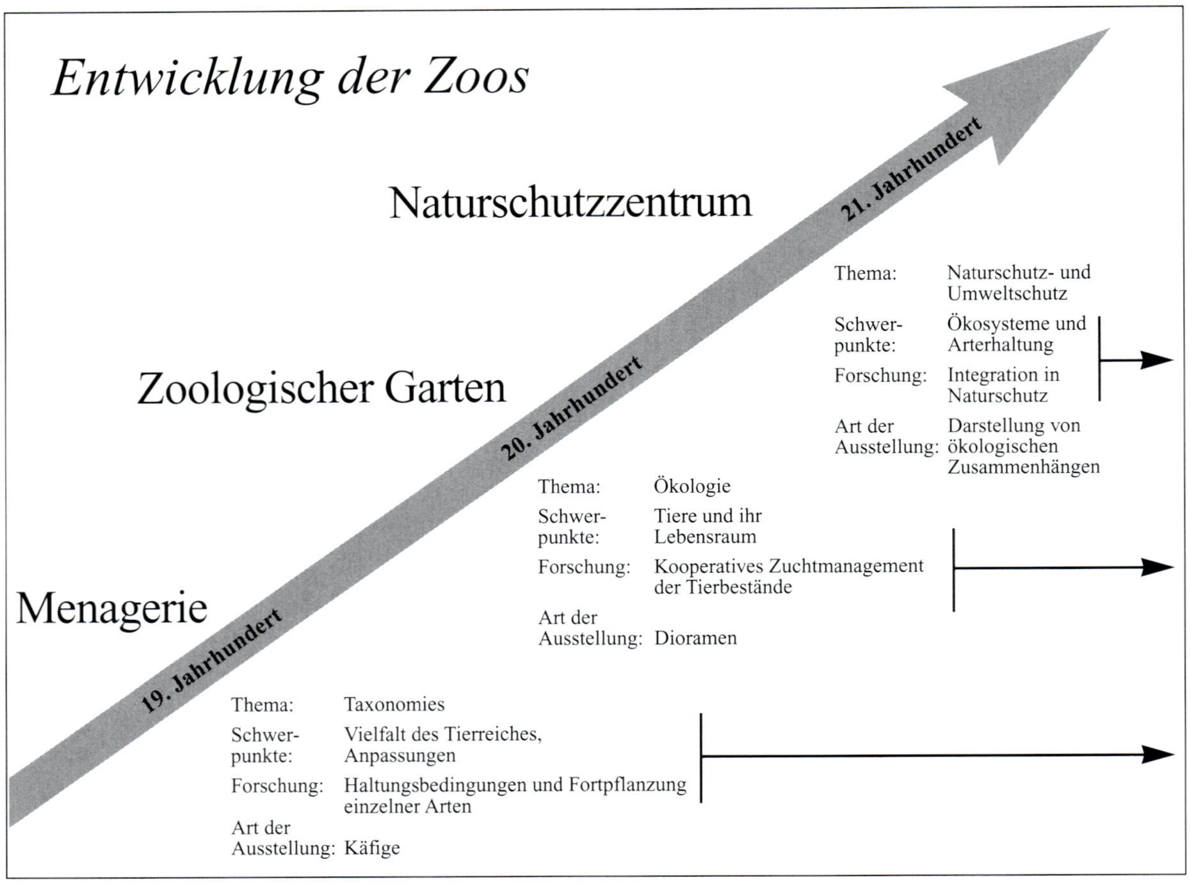

Von der Menagerie zum Naturschutzzentrum
Die waagerechten Pfeile deuten an, dass Themenschwerpunkte und Forschungsergebnisse früherer Entwicklungsphasen in die Naturschutzarbeit heutiger Zoos einfließen. Jedoch erweitert sich ihre Aufgabenstellung auf einen umfassenden Natur- und Umweltschutz, und sie integrieren ihre Bemühungen um die Erhaltung der Biodiversität in die Naturschutzbemühungen anderer Organisationen

Um die Umsetzung der in der Welt-Zoo-Naturschutzstrategie gesteckten Ziele zu beschleunigen, veranstaltete die Welt-Zoo-Organisation, der Dachverband der weltweiten Zoogemeinschaft, 1995 in Köln einen »strategic planning workshop«, dessen Ergebnis ein Dokument mit dem Titel »Zoo Future 2005« war. Am Kölner Zoo wurde außerdem eine vom Bundesumweltministerium geförderte Studie angefertigt, die den Stand, die Möglichkeiten, aber auch die Grenzen von Zucht und Auswilderung bedrohter Tierarten als Beitrag zum Artenschutz untersuchen sollte. Dabei wurden über 100 Projekte zur Wiederansiedlung zoogezüchteter Tiere ausgewertet. Darunter waren übrigens elf Arten, die in der Natur bereits gar nicht mehr existierten: Kalifornischer Kondor, Guam-Ralle, Mikronesischer Eisvogel, Socorrotaube, Schwarzfußiltis, Rotwolf, Przewalskipferd, Formosa-Sika, Milu, Arabische Oryxantilope und Wisent.

Das Ergebnis einer Strategieplanung des Weltzooverbandes 1995

Die Analyse der einzelnen Projekte machte zweierlei deutlich. Erstens muss in jedem Fall geprüft werden, ob und wie eine Auswilderung möglich ist, und in jedem Fall muss ein derartiges Projekt sorgsam geplant, vorbereitet und schließlich durchgeführt werden. Zweitens sind die Erfolge von Wiederansiedlungen aufgrund wachsender Erfahrungen immer größer geworden.

Die biblische Arche Noah ist einst sicher auf dem Berge Ararat gelandet. Wann und wo unsere Arche Zoo landen wird und wie viele Tiere dann von Bord gehen, kann man nicht sagen. Der Beitrag zoologischer Gärten durch Zucht und Wiederansiedlung bedrohter Arten mag quantitativ vielleicht nicht sehr bedeutend sein. Bei größter Anstrengung werden die Zoos vielleicht zur Rettung einiger hundert, möglicherweise an die 1000 bedrohter Arten beitragen, also letztlich ein verschwindend geringer Anteil der allenthalben bedrohten Tierwelt. Skeptiker fragen, ob sich der ganze Aufwand überhaupt lohnt.

Zur Beantwortung dieser Frage stelle man sich einmal vor, das Wallraf-Richartz-Museum stünde in Flammen. Zweifellos würden zahllose kunstbeflissene Menschen ihr Leben aufs Spiel setzen und in das brennende Gebäude stürzen, um wenigstens ein oder zwei Kunstwerke vor der Vernichtung zu retten. Diese Menschen wären sich der öffentlichen Anerkennung sicher, und niemand würde ihnen vorhalten, dass die beiden Bilder angesichts des Verlustes des ganzen Museums ja wohl kaum ins Gewicht fallen. Merkwürdigerweise sehen wir es als selbstverständlich an, unser kulturelles Erbe zu bewahren, die Akropolis vor dem endgültigen Verfall und die Mona Lisa vor Säureangriffen. Dagegen ist das öffentliche Bewusstsein für die Bedeutung und den Wert unseres natürlichen Erbes völlig unterentwickelt, und wir begreifen nicht, dass wir mit dessen Zerstörung zuletzt sogar den Ast absägen, auf dem wir selbst sitzen.

Der Planet wird sich auch weiterdrehen, wenn es keine Elefanten, Nashörner, Tiger und Gorillas mehr gibt. Aber mit dem Verlust jeder Tierart werden die Erde und unser Leben ärmer. Kulturgüter, wie die Dresdner Frauenkirche, lassen sich rekonstruieren. Eine einmal ausgerottete Tierart ist trotz aller Verheißungen der Gentechnologie für immer verloren. Beispiele bevölkern die Museen: Ur, Quagga, Blaubock, Stellers Seekuh, Beutelwolf, Moa, Dronte und viele andere mehr. Um im Bild zu bleiben: Museen bewahren bekanntlich die Leistungen der Menschen für die Nachwelt auf. Fazit: Jede Tierart sollte den Versuch wert sein, sie zu retten.

Gelegentlich wird befürchtet, dass Projekte der Wiederansiedlung einzelner Arten vom eigentlichen Anliegen des Naturschutzes, den Bemühungen um den Erhalt ganzer Lebensräume, ablenken. In Wirklichkeit ist das Gegenteil der Fall. Ein intakter Lebensraum ist ja die Voraussetzung für jedes Wiederansiedlungsprojekt. Einzelne spektakuläre Arten dienen außerdem als Flaggschiffe des Naturschutzes. Als man vor 30 Jahren in Indien das »Projekt Tiger« ins Leben rief, ging es zwar primär um die Rettung dieser Großkatze. Als Ergebnis wurden aber nicht nur die Tiger gerettet, sondern ganze Lebensräume mit vielen anderen, ebenso bedrohten Tier- und Pflanzenarten, für die sich sonst niemand interessiert hätte.

Auch im Zoo erfüllen die Tiere diese Flaggschiff-Funktion. Sie sind Stellvertreter und Botschafter der bedrohten Tierwelt. Sie wollen die Menschen aufmerksam machen auf den Zustand der Natur und sie zum Umdenken im Umgang mit ihr aufrufen. Etwa eine Million Menschen besuchen jedes Jahr den Kölner Zoo, 30 Millionen Besucher kommen alljährlich in die deutschen Zoos. In Europa werden 100 Millionen, weltweit 600 Millionen Zoobesucher gezählt.

Alle diese Menschen haben die Möglichkeit, die erstaunliche Vielfalt der Tierwelt unserer Erde kennen zu lernen und die Notwendigkeit des Schutzes von Tieren, denen sie im Zoo begegnen, und ihrer natürlichen Lebensräume zu begreifen. Kein anderes Medium kann so viele Menschen auf so eindrückliche Weise vom Zustand der Natur überzeugen und sie für Natur- und Umweltschutz gewinnen. Zoologische Gärten sind deshalb in zweifacher Hinsicht Zentren des Naturschutzes. Wenn es keine Zoos gäbe, müsste man sie heute gründen.

Kölner Zoo hilft Tieren in der ganzen Welt

Zoologische Gärten predigen den Naturschutz nicht nur, sie praktizieren ihn auch. Seine Notwendigkeit wollen sie außerdem ihren Besuchern vermitteln, um sie anzuregen, den Naturschutz im Allgemeinen und die Arbeit der Zoos für dieses Ziel im Besonderen zu unterstützen.

Mit ihren koordinierten Zuchtprogrammen ist es den Zoos gelungen, von der Zufuhr von Tieren aus der Natur unabhängig zu werden. Die Zoos haben sich so von Konsumenten der Natur zu Produzenten für sie entwickelt. Ihre Bestände sind für die Natur zu Reservepopulationen geworden. Wann immer es möglich und sinnvoll ist, stellen sie Tiere für Wiederansiedlungen in ihrem natürlichen Lebensraum zur Verfügung. Zweimal schon gingen im Kölner Zoo geborene Goldgelbe Löwenäffchen zurück in ihr ursprüngliches Verbreitungsgebiet, den brasilianischen Küstenregenwald. Da der Syrische Halbesel ausgerottet ist, entschied man sich, auf der arabischen Halbinsel den Persischen Halbesel anzusiedeln. Onager aus dem Kölner Zoo traten 1995 die Reise nach Saudi-Arabien an.

In den achtziger Jahren stellte der Zoo regelmäßig Uhus zur Wiedereinbürgerung der größten Eule in Mitteleuropa zur Verfügung. Mit Erfolg beteiligte er sich auch an einem Projekt zur Stützung des nördlichen Vorkommens der Würfelnatter an Lahn, Mosel und Nahe. Weibliche Schlangen wurden zur Eiablage aufgenommen und danach wieder freigelassen. Die in der Obhut des Aquariums geschlüpften und aufgezogenen Jungtiere wurden ein Jahr später ausgesetzt. Durch eine solche Maßnahme wird die Ausfallrate während des ersten Lebensjahres deutlich verringert.

Indirekt ist der Kölner Zoo durch die Teilnahme an zahlreichen Europäischen Erhaltungszuchtprogrammen (EEP) an sehr viel mehr Wiederansiedlungsprojekten beteiligt. Entscheidend für solche Projekte ist, dass das gesamte in einer Zuchtpopulation vorhandene genetische Potenzial beim Aufbau einer neuen Population in der Natur berücksichtigt wird. Die Auswahl der Individuen für eine Wiederansiedlung muss deshalb nach strengen genetischen Kriterien erfolgen.

Die Genetik ist aber nicht alles. Ebenso wichtig ist die physische und ethologische Eignung der Tiere. Viele für das Überleben in der

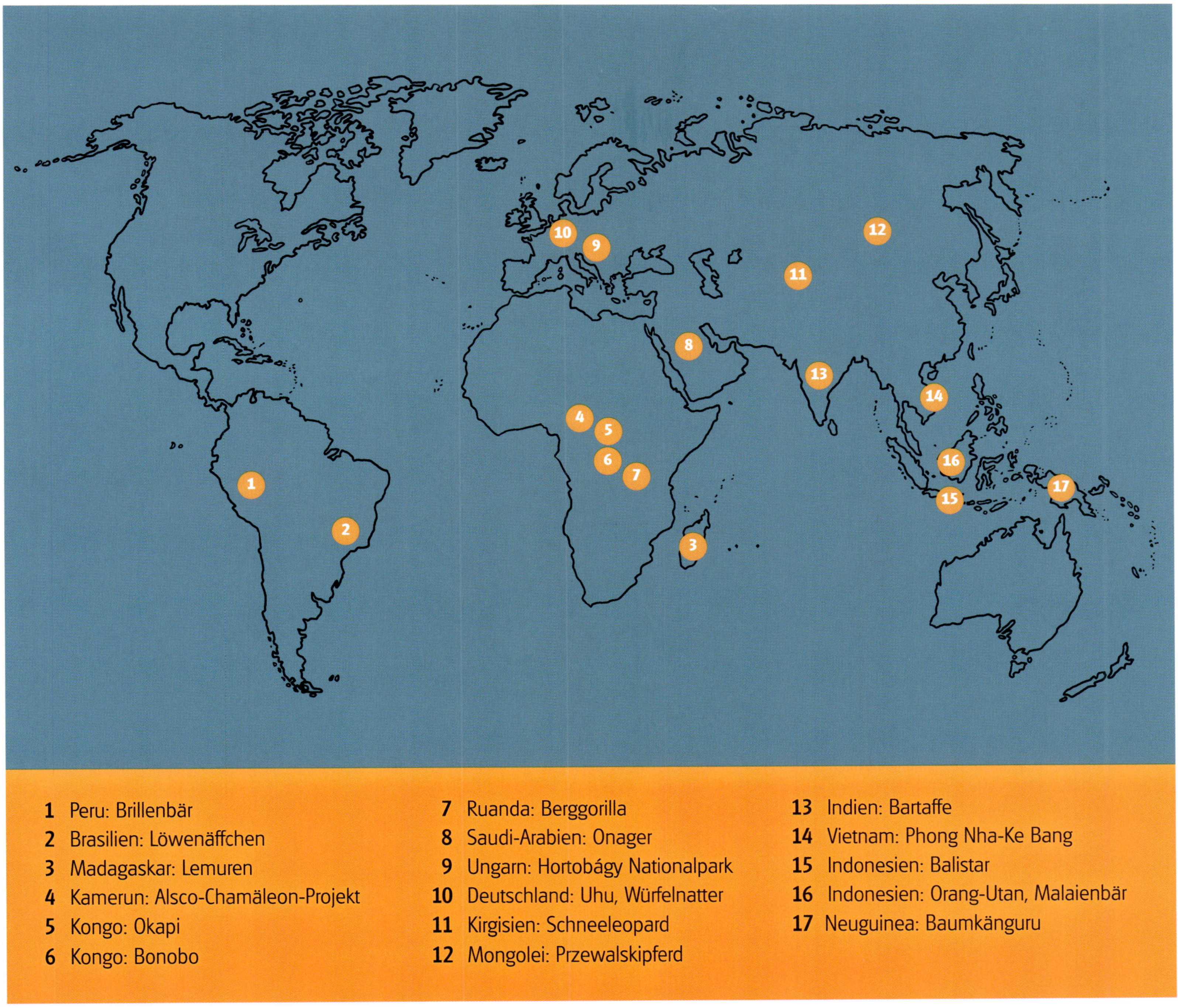

1 Peru: Brillenbär
2 Brasilien: Löwenäffchen
3 Madagaskar: Lemuren
4 Kamerun: Alsco-Chamäleon-Projekt
5 Kongo: Okapi
6 Kongo: Bonobo
7 Ruanda: Berggorilla
8 Saudi-Arabien: Onager
9 Ungarn: Hortobágy Nationalpark
10 Deutschland: Uhu, Würfelnatter
11 Kirgisien: Schneeleopard
12 Mongolei: Przewalskipferd
13 Indien: Bartaffe
14 Vietnam: Phong Nha-Ke Bang
15 Indonesien: Balistar
16 Indonesien: Orang-Utan, Malaienbär
17 Neuguinea: Baumkänguru

Natur notwendige Verhaltensweisen, wie die des Nahrungserwerbs, der Sicherung des Territoriums oder der Vermeidung von Gefahren, werden unter Zoobedingungen nicht benötigt und müssen – soweit sie nicht genetisch fixiert sind – trainiert werden. Es reicht also nicht, Tiere zu züchten und sie in die Natur zurückzusetzen. Man muss vielmehr in jedem einzelnen Fall prüfen, ob eine Wiederansiedlung sinnvoll und möglich ist, in jedem Fall ist sie mit einem großen Aufwand verbunden.

Wiederansiedlungen von Tieren sind deshalb auch nicht das Patentrezept für den Naturschutz, so sinnvoll sie im Einzelfall sein mögen. Letztlich können sie immer nur flankierende Maßnahme in einem umfassenden Naturschutzkonzept sein.

Ein Beispiel für ein multidisziplinäres und zugleich internationales Naturschutzprojekt ist das bereits erwähnte Löwenäffchenprojekt in Brasilien. Neben Biotopschutz, Forschung und einer Öffentlichkeitskampagne vor Ort war es Aufgabe der Zoos, eine vitale Zuchtpopulation aufzubauen, um Tiere zur Aufstockung des Restbestandes im Freiland zur Verfügung zu stellen. 1991 wurden alle in 125 Zoos weltweit lebenden Goldgelben Löwenäffchen formell Brasilien übereignet. Damit bringen die Zoos zum Ausdruck, dass sie die ihnen anvertrauten Tiere lediglich als Leihgabe der Natur betrachten.

Löwenäffchen werden natürlich weiter in zoologischen Gärten zu sehen sein, denn die Erhaltung einer vitalen Reservepopulation bleibt auch in Zukunft Bestandteil des Löwenäffchenprojektes. Soll ein solches Projekt erfolgreich sein, ist es nicht mit ein- oder zweimaligem spektakulärem Freilassen von Tieren getan. Es muss vielmehr langfristig angelegt und konsequent fortgeführt werden. So wurden für das Projekt »Count Down 2025« von vornherein 50 Jahre vorgesehen, von denen jetzt die Hälfte vergangen sind.

Im Vordergrund steht zwar das attraktive Löwenäffchen, aber es geht nicht allein um diese Art, sondern um die ungezählten ebenso bedrohten Tier- und Pflanzenarten des brasilianischen Küstenregenwalds, für die sich sonst niemand interessiert. Neuesten Erkenntnissen zufolge handelt es sich bei dem an der Atlantikküste Südamerikas gelegenen Regenwald um das artenreichste Ökosystem auf der ganzen Erde. Allerdings liegen hier auch die großen Ballungszentren Brasiliens. Kein Wunder, dass der Wald auf zwei Prozent seiner ursprünglichen Ausdehnung geschrumpft ist. Um wenigstens diesen Rest zu erhalten, bedarf es eines Sympathie- und Werbeträgers. Man spricht im Naturschutz von Flaggschiff-Arten. Flaggschiff für die Rettung des brasilianischen Küstenregenwalds ist das Goldgelbe Löwenäffchen.

Diese Funktion erfüllt das Löwenäffchen auch außerhalb seiner Heimat. Im Zoo ist es Botschafter seiner in der Natur bedrohten Artgenossen und seines Lebensraums. Es will die Menschen auf den Zustand des brasilianischen Küstenregenwalds aufmerksam machen und sie aufrufen, das »Count Down 2025«-Projekt zu unterstützen. Mehr als 20.000 DM spendeten die Kölner im Laufe weniger Jahre, um dem Löwenäffchen zu helfen.

Obwohl der Etatposten des Zoos für Naturschutz vergleichsweise bescheiden ist, können doch zahlreiche Naturschutzprojekte in aller Welt von Spendern und Sponsoren finanziell unterstützt werden. Die Liste von geförderten Artenschutzprojekten beginnt bei Löwenäffchen und Brillenbären in Südamerika, geht über Okapis, Bonobos und Lemuren in Afrika und reicht bis zu Przewalskipferden, Onagern, Orang-Utans, Bartaffen, Malaienbären, Baumkängurus und Balistaren in Asien.

Größere Zuwendungen verdankt der Kölner Zoo der Kölner Kulturstiftung der Kreissparkasse Köln, der Toyota Deutschland Stiftung und der Adolf und Hildegard Isler-Stiftung. Die DEVK-Versicherungen, die seit Jahren die Patenschaft über Kleine Pandas pflegen, haben mehrfach Projekte in Nepal gefördert. Einen langfristigen Partner im Naturschutz hat der Kölner Zoo in der Firma Alsco-Berufsbekleidungs GmbH gefunden, die als Firmenlogo – wegen seiner sprich-

Ausgewildertes Löwenäffchen in Brasilien

Freigelassene Tiere werden von Wissenschaftlern begleitet

Schärfung des Umweltbewusstseins im Zoo

wörtlichen Anpassungsfähigkeit – ein Chamäleon gewählt hat. Seit 1997 unterstützt Alsco eines der größten Forschungs- und Naturschutzprojekte des Kölner Zoos in Kamerun.

Da Tiere nicht selbst sprechen, können sie ihre Werbe- und Botschafterfunktion nur erfüllen, wenn der Zoo es versteht, seinen Besuchern die Botschaft der Tiere zu interpretieren. Aus diesem Grund wurde das Informationssystem des Zoos erneut durchdacht und völlig neu konzipiert. Da auch die 1992 anlässlich des ersten Umweltgipfels in Rio de Janeiro beschlossene Agenda 21 zoologische Gärten ausdrücklich als Umweltbildungsträger nennt, wurde das neue System als »Pilotprojekt zur Förderung globaler Umweltbildung und Umwelterziehung wissenschaftlich geleiteter zoologischer Gärten« von der Deutschen Bundesstiftung Umwelt finanziell gefördert. Auch für die inhaltliche und organisatorische Umsetzung wurde eine Naturschutzorganisation als Partner gefunden, die Arbeitsgemeinschaft Regenwald und Artenschutz (ARA e.V.). Der entscheidende Unterschied zum traditionellen Informationssystem besteht darin, dass Themen der Agenda 21 aufgegriffen und mit im Zoo gehaltenen Tieren verknüpft werden. Dazu gehören der Umgang mit Energie, der Klimaschutz, die nachhaltige Nutzung natürlicher Ressourcen, z. B. der Meere, der Ökotourismus, die globale Konsumenten-Verantwortung und anderes mehr.

Im »Regenwald«, dem im Jahr 2000 eröffneten Tropenhaus, wurde das neue Edukationskonzept erstmals umgesetzt. Die Naturschutzprojekte des Kölner Zoos in Süd- und Südostasien werden in einer an seinem Ausgang errichteten Bambushütte vorgestellt. Das Interesse, das diesen Projekten entgegengebracht wird, schlägt sich in klingender Münze in der aufgestellten Spendenbox nieder.

Welches Potenzial zoologische Gärten für die Schärfung des öffentlichen Umweltbewusstseins besitzen, zeigte 2001 die in den europäischen Zoos durchgeführte »Bushmeat-Kampagne«. Wenn es um die Ausrottung von Tierarten geht, wird in der Regel die Zerstörung der Lebensräume als Ursache genannt. Nur in Ausnahmefällen gibt man der Jagd die Schuld. Im Blickpunkt stehen dann Arten wie Elefant, Nashorn und Tiger. Dabei wurde und wird übersehen, dass die Jagd auch für viele andere Tierarten eine tödliche Gefahr darstellt.

Früher diente Wildfleisch den Waldbewohnern zur Selbstversorgung und als Tauschware. Dagegen ist auch nichts zu sagen. Von Selbstversorgung kann aber längst nicht mehr die Rede sein. Heute gibt es professionelle Jäger, die alles abschießen, was ihnen vor die Flinte oder Büchse kommt, und die ihre Jagdbeute auf neuen, in den Wald geschlagenen Straßen in kürzester Zeit in die Verbraucherzentren schaffen. Man schätzt, dass jährlich rund vier Millionen Tonnen Wildfleisch allein aus den west- und zentralafrikanischen Regenwäldern auf die Märkte gelangen, darunter Hunderte von Gorillas und Schimpansen. Mehr als 1,5 Millionen Zoobesucher unterschrieben während der Kampagne eine Petition zur Beendigung der Bushmeat-Krise.

Im Blickpunkt der Naturschutzbemühungen zoologischer Gärten stehen jeweils einzelne charismatische Tierarten. Ihre Flaggschiff-Funktion wurde schon am Beispiel des Goldgelben Löwenäffchens erläutert. Tatsächlich befindet sich im Kielwasser jedes dieser Flagg-

Konfiszierte Produkte illegal gejagter Tiere in Westafrika

Przewalskipferde retten die ungarische Puszta im Hortobágy Nationalpark

schiffe eine ganze Flotte von Arten, die von dem Projekt profitieren. Arten- und Biotopschutz sind letztendlich aber nicht voneinander zu trennen. Die Zoos arbeiten inzwischen Naturschutzprojekten auch nicht mehr nur zu, indem sie beispielsweise Tiere für die Wiederansiedlung in der Natur zur Verfügung stellen oder bestimmte Projekte ihren Besuchern besonders ans Herz legen. Sie führen selbst Projekte durch, häufig in Kooperation mit anderen Zoos und Naturschutzorganisationen, und sind so selbst zu Naturschutzorganisationen geworden.

Bereits seit Mitte der neunziger Jahre ist der Kölner Zoo maßgeblich an einem Projekt zur Erhaltung der ungarischen Puszta im Hortobágy Nationalpark beteiligt. Der Park ist ein Relikt des einst riesigen eurasischen Steppengebietes. Nach dem Aussterben der Großsäuger wie Wildpferd und Auerochse wurden hier jahrhundertelang deren domestizierte Formen halb wild gehalten und gezüchtet, Pferde für das Militär und Graurinder. Für beide besteht jedoch heute kein Bedarf mehr, so dass auch sie allmählich verschwanden. Um die Grassteppe dauerhaft zu erhalten, werden nun Przewalskipferde und Heck-Rinder angesiedelt.

Die Alsco-Chamäleon-Expedition in Kamerun

Erwähnt wurde auch schon das Alsco-Chamäleon-Projekt in Kamerun. Im Westen dieses afrikanischen Landes erheben sich Vulkane wie Inseln aus der Landschaft. Derartige Inselberge zeichnen sich häufig durch eine endemische, das heißt nur dort vorkommende Fauna und Flora aus. Im Rahmen des Projektes soll die Fauna einerseits erforscht, andererseits aber auch geschützt werden. Noch befindet sich zum Beispiel der Mount Nlonako in einem guten Zustand. Wenn es ihm nicht gehen soll wie dem Kamerunberg, der durch Übernutzung und Wilderei längst völlig ruiniert ist, müssen jetzt Maßnahmen zum Schutz und zur nachhaltigen Nutzung der natürlichen Ressourcen eingeleitet werden. In Nyasoso am Fuß des Bergmassivs unterhält der Kölner Zoo inzwischen eine kleine Projektstation mit drei kamerunischen Mitarbeitern.

Auch mit dem »Regenwald«, dem neuen Tropenhaus des Kölner Zoos, ist ein Naturschutzprojekt verbunden. In Vietnam wurde nach der Devise »Adopt a Park« die Patenschaft über ein Naturschutzgebiet übernommen: Phong Nha-Ke Bang. Das Gebiet liegt in Zentralvietnam, nördlich der einstigen Demarkationslinie zwischen Nord- und Südvietnam an der Grenze zu Laos und wird vom legendären Ho-Chi-Minh-Pfad durchzogen. Es wurde von Professor Vo Quy, dem

Phong Nha-Ke Bang: Das Regenwald-Projekt in Vietnam und im Kölner Zoo

wohl besten Kenner der Natur in Vietnam und international renommiertesten Naturschützer des Landes, vorgeschlagen.

Auf der einen Seite hat Vietnam unter 20 Jahren Krieg gelitten, dessen Spuren bis heute überall im Lande sichtbar sind, auf der anderen Seite birgt das Land noch manches zoologische Geheimnis. Dies belegen die Entdeckungen mehrerer Großsäugerarten während der neunziger Jahre. Auch in Phong Nha-Ke Bang wurden schon nach kurzer Zeit neue Arten entdeckt. Am spektakulärsten war bislang der Fund einer der Wissenschaft völlig unbekannten Giftschlange: *Triceratolepidophis sieversorum*. Den Einheimischen schien das Tier dagegen durchaus bekannt. Es fand sich nämlich in Alkohol konserviert im Sortiment einer lokalen Apotheke.

Auch in Phong Nha-Ke Bang unterhält der Kölner Zoo inzwischen eine eigene Station, die hilft, den Kontakt mit der dortigen Forstverwaltung und der Bevölkerung zu pflegen. Naturschutz kann heutzutage nirgendwo ohne die dort lebenden Menschen betrieben werden, schon gar nicht gegen sie, sondern immer nur mit ihnen und letztlich auch für sie.

In einer Studie über die Akzeptanz zoologischer Gärten wurden Zoobesucher vor kurzem auch nach den Aufgaben der Zoos gefragt, die eine Unterstützung mit öffentlichen Geldern legitimieren. Mit Abstand als wichtigste Aufgabe wurde die Arterhaltung genannt. Wenigstens 30 Prozent des Budgets sollten nach Meinung der Befragten allein auf diese Funktion entfallen. Davon sind die Zoos freilich noch weit entfernt. Offensichtlich aber ist es ihnen gelungen, ihren Bedeutungs- und Bewusstseinswandel von der Menagerie des 19. Jahrhunderts zum Naturschutzzentrum des 21. Jahrhunderts so zu kommunizieren, dass er allgemein verstanden und akzeptiert worden ist.

Was ist wo im Kölner Zoo?

Zoologischer Garten Köln
Riehler Straße 173
50735 Köln

Telefon: 02 21/7 78 50
Auskünfte: 02 21/7 78 51 22
Förderverein/Patenschaften: 02 21/7 78 51 85
Fax: 02 21/7 78 51 11

Internet: www.zoo-koeln.de
E-Mail: info@zoo-koeln.de

Öffnungszeiten
Zoo und Aquarium: täglich 9.00 bis 18.00 Uhr
(Winter 9.00 bis 17.00 Uhr)

Zoovenir-Shop
Ein großes Angebot an Andenken bietet der Zoovenir-Shop.
Die Einnahmen kommen ausschließlich dem Kölner Zoo zugute.

Förderverein
»Freunde des Kölner Zoos e. V.«

Mitgliedsbeiträge und Spenden sind steuerlich absetzbar.
Mindest-Jahresbeitrag € 33
Kinder und Jugendliche € 16,50

Mitglieder erhalten viermal jährlich die *Zeitschrift des Kölner Zoo* und haben Anspruch auf eine ermäßigte Jahreskarte.

Beitrittserklärungen liegen an den Kassen des Zoos aus.

AUSSTELLUNGSHALLE
WC
EINGANG
KIOSK
WC
WC
P
BUSSE
FOTO
BÜHNE
RESTAURANT
WC
ZOOVENIRS
ZOO
HAUPTEINGANG
AQUARIUM
P
U

Alphabetisches Tierverzeichnis

Quellen-Nachweis

Martyn Bramwell (Chefredakteur):
Weltatlas des Tierlebens, London (Mitchell Beazley) 1974

Edwin Gould/George McKay (Hrsg.):
Die Enzyklopädie der Säugetiere, Augsburg (Weltbild) 1999

Johann Jakob Häßlin/Gunther Nogge:
Der Kölner Zoo, Köln (Greven) 1985

Annelore Rieke-Müller/Lothar Dittrich:
Der Löwe brüllt nebenan. Die Gründung zoologischer Gärten im deutschsprachigen Raum 1833 – 1869, Köln/Weimar/Wien (Böhlau) 1998

Uta Ruempler/Aktiengesellschaft Zoologischer Garten Köln (Hrsg.):
Wegweiser durch den Zoo Köln, 1998

Theo Pagel:
Loris. Freileben, Haltung und Zucht der Pinselzungenpapageien, Stuttgart (Ulmer) 1998

Bernhard Grzimek:
Grzimeks Enzyklopädie, München (Kindler) 1987

Fotos im Textteil:
Zoo-Archiv